跟庄

典型股票分析全程图解

笑看股市 编著

清华大学出版社
北京

内容简介

本书以图文并茂的形式生动地向投资者介绍了如何通过跟庄轻而易举地获得巨大利润的方法和策略。

本书介绍了庄家的一些特点,将各类庄家坐庄的流程划分成了4步,并将每一步庄家的目的和常见的操作手法进行了介绍。对每一个关键的环节都为散户和跟庄者提供了具体策略。最后两章归纳了在整个坐庄过程中庄家常用的欺骗散户的手段,并且为散户指出了识破的方法。此外,本书还给出了实际案例,为投资者具体讲解跟庄的常见方法和策略,供投资者挑选使用。

本书适用于广大股民。

本书封面贴有清华大学出版社防伪标签,无标签者不得销售。
版权所有,侵权必究。举报: 010-62782989,beiqinquan@tup.tsinghua.edu.cn。

图书在版编目(CIP)数据

跟庄:典型股票分析全程图解 / 笑看股市编著. —北京:清华大学出版社,2015(2024.6重印)
ISBN 978-7-302-42228-0

Ⅰ.①跟… Ⅱ.①笑… Ⅲ.①股票投资—基本知识 Ⅳ.①F830.91

中国版本图书馆 CIP 数据核字(2015)第 271602 号

责任编辑:张立红
封面设计:邱晓俐
版式设计:方加青
责任校对:李跃娜
责任印制:杨 艳

出版发行:清华大学出版社
    网　　址:https://www.tup.com.cn, https://www.wqxuetang.com
    地　　址:北京清华大学学研大厦A座　　邮　编:100084
    社 总 机:010-83470000　　　　　　　　邮　购:010-62786544
    投稿与读者服务:010-62776969, c-service@tup.tsinghua.edu.cn
    质 量 反 馈:010-62772015, zhiliang@tup.tsinghua.edu.cn
印 装 者:涿州市殷润文化传播有限公司
经　　销:全国新华书店
开　　本:170mm×240mm　　印　张:19　　字　数:330千字
版　　次:2015年12月第1版　　　　　印　次:2024年6月第13次印刷
定　　价:59.00元

产品编号:067553-02

前言

无论是对于新股民来说，还是对于老股民来说，在股市中都会经常听到庄家这个词汇。即使对于还没有涉足金融领域的人来说，也一定会对庄家这个词有所耳闻。那么到底什么是庄家？庄家一定是不好的吗？庄家一定可以进入市场获利吗？其实，无论是庄家还是散户在股市中都可以挣到钱，而且散户如果能够提前识别出庄家的动向，跟着庄家的操作买卖股票，就可以轻而易举地获得巨大的收益。但是，散户如果想选择跟庄来买卖股票，就必须对庄家的各方面有了解。只有这样才能做到知己知彼，百战百胜。

本书从基础讲起，第1章先介绍了有关庄家的一些知识，其中就包括庄家在坐庄过程中的成本。散户跟庄前必须要了解这些知识，做到知己知彼，百战不殆。

第2章将各类庄家的坐庄过程划分成4步。也就是说，任何庄家坐庄过程都可以划分成这4步，这就大大方便了跟庄者。因为跟庄者完全可以根据这4步不同的盘面特点来选择相应的跟庄方式。

第3～7章，逐一介绍了庄家坐庄的每一环节和流程，并揭示了庄家在每一环节常用的手段和盘面上出现的一些痕迹，以便投资者及早地发现。不仅如此，还在每个环节中给跟庄者提供了一些建议，供跟庄者选择。

第8章总结了庄家在坐庄的整个流程中常使用的一些骗术，使散户在跟庄前对庄家的常用骗术做到心中有数，以免上当受骗。

最后两章（即第9～10章）结合盘口信息和几个常见的技术指标，讲解如何跟踪庄家动向，把握最好的买卖时机。最后给出了跟庄的一些具体实例和战法，并提供了多种跟庄的思路，供不同类型的交易者选择使用。

本书语言通俗易懂，图文并茂，对每个知识面和环节都进行了详细的阐释，不仅原理清晰，而且配有多幅示例插图和解释。对不同跟庄者提供了具体的交易策略，不仅适用于新入门的投资者，对于炒股多年的投资者来说也大有裨益。

本书由吴金燕（笔名笑看股市）组织编写，同时参与编写的还有焦帅伟、李凯、刘筱月、马新原、能永霞、商梦丽、王宁、王雅琼、徐属娜、于健、周洋、张昆、陈冠军、范陈琼、郭现杰、罗高见、何琼、晁楠、雷凤。

目 录

第1章 散户跟庄前必须要了解庄家

- 1.1 庄家的概念 2
  - 1.1.1 什么是庄家 2
  - 1.1.2 散户与庄家的异同 2
- 1.2 庄家的分类 3
  - 1.2.1 短线庄家 3
  - 1.2.2 中线庄家 5
  - 1.2.3 长线庄家 6
  - 1.2.4 个股庄家 8
  - 1.2.5 板块庄家 10
  - 1.2.6 政府庄家 13
  - 1.2.7 基金庄家 18
  - 1.2.8 社保基金庄家 21
  - 1.2.9 境外机构投资者庄家 26
- 1.3 庄家的优势和劣势分析 29
  - 1.3.1 庄家的优势 29
  - 1.3.2 庄家的劣势 30
- 1.4 了解庄家的动向 32
  - 1.4.1 庄家的建仓成本 32
  - 1.4.2 庄家的持仓量 34
  - 1.4.3 庄家的利润率 35

第2章　4步揭秘庄家坐庄

2.1 坐庄第1步——建仓 38
- 2.1.1 散户的利空消息，庄家的建仓时机 38
- 2.1.2 下跌建仓的周线图 39
- 2.1.3 下跌建仓的月线图 40
- 2.1.4 下跌建仓的分时图 41
- 2.1.5 下跌建仓的成交量 44
- 2.1.6 下跌建仓的均线 44
- 2.1.7 下跌建仓的K线组合形态 45
- 2.1.8 盘整过程建仓 46
- 2.1.9 盘整建仓成交量 47
- 2.1.10 盘整建仓的均线 48
- 2.1.11 盘整建仓的K线 49
- 2.1.12 盘整建仓的分时图 50
- 2.1.13 盘整建仓后期的盘面 51
- 2.1.14 股价被打压，庄家在建仓 52
- 2.1.15 打压股价建仓的成交量 53
- 2.1.16 股价开始拉升，庄家建仓并未结束 54
- 2.1.17 拉升股价建仓的成交量 55

2.2 坐庄第2步——震仓 56
- 2.2.1 为什么要震仓 56
- 2.2.2 违反技术分析图表规则的震仓 57
- 2.2.3 震仓的技术图表特征 59

2.3 坐庄第3步——拉升 61
- 2.3.1 庄家为什么要拉升 61
- 2.3.2 庄家拉升的周期 62
- 2.3.3 庄家拉升的幅度 64

2.4 坐庄的最后一步——出货 67
- 2.4.1 庄家出货的优势和劣势 67
- 2.4.2 庄家出货时的价位选择 68

第3章 庄家建仓，散户如何搭乘顺风车

- 3.1 庄家建仓前的准备工作 72
  - 3.1.1 资金的准备工作 72
  - 3.1.2 人员的配置 72
  - 3.1.3 其他项目的准备 73
- 3.2 庄家建仓前的选股 73
  - 3.2.1 庄家根据资金规模选择股票 73
  - 3.2.2 庄家根据公司业绩和经营领域选择股票 75
  - 3.2.3 庄家根据市场行情选择股票 79
- 3.3 庄家建仓的常用手法 81
  - 3.3.1 缓慢拉升中建仓 81
  - 3.3.2 横盘过程中建仓 82
  - 3.3.3 缓慢下跌时建仓 84
  - 3.3.4 跳空高开时建仓 85
  - 3.3.5 向上拉升时建仓 87
  - 3.3.6 向下打压时建仓 88
  - 3.3.7 利空消息时建仓 90
  - 3.3.8 宽幅震荡建仓 91
  - 3.3.9 压制股价建仓 92
  - 3.3.10 震盘建仓 92
- 3.4 散户如何寻找正在建仓的个股 93
  - 3.4.1 通过成交量发现庄家建仓 94
  - 3.4.2 通过K线识别庄家建仓 95
  - 3.4.3 通过均线识别庄家建仓 97
  - 3.4.4 通过支撑位识别庄家建仓 99
  - 3.4.5 通过成交量识别庄家建仓 101
- 3.5 散户如何判断建仓是否完成 102
  - 3.5.1 上涨时关注成交量 102
  - 3.5.2 个股与大盘的关系 103
  - 3.5.3 关键点要特别关注 104

3.5.4 大阳线后的价格走势 105

第4章 庄家试盘，散户静观其变

4.1 试盘介绍 108
4.1.1 什么是试盘 108
4.1.2 庄家为什么要试盘 108
4.2 庄家试盘的常见手法 108
4.2.1 强势中的试盘 108
4.2.2 震荡行情中的试盘 109
4.2.3 弱市中的试盘 111
4.2.4 关键点位的试盘 112
4.3 散户如何通过K线形态识别试盘 113
4.3.1 单针触底 113
4.3.2 双针触底 116
4.3.3 多针触底 117
4.3.4 低开高走 118
4.3.5 高开低走 119
4.4 散户如何通过分时图来分辨试盘 120
4.4.1 突然拉高或者打压 120
4.4.2 收盘前猛然拉升 122
4.4.3 收盘前猛然下砸 123
4.4.4 高开开盘 125
4.4.5 低开开盘 126
4.4.6 全天保持震荡 128
4.5 试盘阶段散户操作策略 129

第5章 庄家洗盘，散户如何不上当

5.1 庄家洗盘的常用方式 132
5.1.1 打压式洗盘 132

- 5.1.2 打压洗盘的K线图 133
- 5.1.3 打压洗盘的分时图 134
- 5.1.4 打压洗盘的成交量 134
- 5.1.5 打压洗盘的均线图 135
- 5.1.6 打压洗盘结束的特征 136
- 5.1.7 震荡洗盘分时图 137
- 5.1.8 震荡洗盘的成交量 138
- 5.1.9 震荡洗盘的均线图 139
- 5.1.10 横盘洗盘分时图 140
- 5.1.11 盘整洗盘分时图 143
- 5.1.12 拉高洗盘分时图 143
- 5.1.13 下破位洗盘日线图 145
- 5.1.14 大幅跳空洗盘 146
- 5.1.15 假突破洗盘 147
- 5.1.16 涨停板洗盘 149

5.2 洗盘的特征 150
- 5.2.1 上涨过程中的洗盘特征 150
- 5.2.2 上涨洗盘均线图 151
- 5.2.3 上涨洗盘的成交量 153
- 5.2.4 横盘中的洗盘特征 154
- 5.2.5 庄家洗盘中的K线图 156

5.3 洗盘阶段散户的操作策略 158

第6章 庄家拉升，散户以逸待劳

6.1 庄家拉升的常见时机 160
- 6.1.1 大势看好 160
- 6.1.2 利好消息 161
- 6.1.3 分红配送 163
- 6.1.4 筑底形态 164
- 6.1.5 板块拉升 167

6.2 散户如何识别庄家在拉升 168
6.2.1 个股走势与大盘不同 168
6.2.2 利好消息配合 169
6.3 散户应对庄家拉升的策略 170
6.3.1 庄家快速拉升，散户坐享其成 170
6.3.2 庄家涨停板拉升，散户利润最大 170
6.3.3 庄家台阶式拉升，散户收益稳定 172
6.3.4 庄家波浪式拉升，散户可以加仓 173
6.3.5 庄家上扬式拉升，散户收入不菲 174
6.3.6 庄家缓慢拉升，散户不必心急 175
6.3.7 庄家剧烈震荡拉升，散户不必担心 176

第7章 庄家出货，散户获利了结

7.1 常见的庄家出货手段 178
7.1.1 急速拉升后出货 178
7.1.2 拉升的同时出货 179
7.1.3 平台出货 180
7.1.4 台阶出货 181
7.1.5 利好消息出货 182
7.1.6 下砸出货 183
7.1.7 除权出货 184
7.1.8 小幅下跌出货 185
7.2 散户如何看出庄家已经在出货 186
7.2.1 目标价位已到 187
7.2.2 利多消息配合 188
7.2.3 跌破支撑位 189
7.2.4 与技术分析判断正好相反 191
7.2.5 大阴线出现 192
7.2.6 放量下跌 193
7.3 出货的图表特征 193

- 7.3.1 高开低走 194
- 7.3.2 打开跌停板 194
- 7.3.3 收盘前拉升 196

第8章 散户必须知道的庄家骗术

8.1 庄家的技术分析骗术 198
- 8.1.1 技术关口 198
- 8.1.2 技术形态 198
- 8.1.3 上吊线骗术 200
- 8.1.4 锤子线骗术 201
- 8.1.5 看涨吞没骗术 201
- 8.1.6 看跌吞没骗术 202
- 8.1.7 乌云盖顶骗术 203
- 8.1.8 看涨刺入骗术 203
- 8.1.9 启明星骗术 204
- 8.1.10 黄昏之星骗术 205
- 8.1.11 流星线骗术 205
- 8.1.12 倒锤子线骗术 206
- 8.1.13 MACD指标骗术 206
- 8.1.14 KDJ指标骗术 208
- 8.1.15 RSI指标骗术 210

8.2 庄家常用的行情走势骗术 211
- 8.2.1 轧空诱多 211
- 8.2.2 轧多诱空 213

8.3 成交量骗术 214
- 8.3.1 无量下跌 214
- 8.3.2 无量上涨 216
- 8.3.3 量价背离 217
- 8.3.4 顶部放量大阳线 218
- 8.3.5 顶部放量小阳线 220

第9章 庄家操盘的典型盘口分析

- 9.1 跳高一字线后不补缺 222
- 9.2 盘整后大阴破位缺口 224
- 9.3 单日涨停突破后的强势横盘 225
- 9.4 高档窄幅震荡后的放量大阳线 226
- 9.5 高档二阳夹一阴多方进攻形态 228
- 9.6 低档二阴夹一阳空方进攻形态 230
- 9.7 高档红三兵形态 231
- 9.8 低档黑三鸦形态 233
- 9.9 跳空攀升线 235
- 9.10 跳空下滑线 237
- 9.11 高档穿越均线上扬的突破大阳线 239
- 9.12 低档穿越均线下降的破位大阴线 241
- 9.13 下跌途中缓跌后的单日破位大阴线 242
- 9.14 低档低开低走的破位大阴线 243
- 9.15 高档的上升N字形 245
- 9.16 低档的下降N字形 246
- 9.17 上升途中并阳线 248
- 9.18 下跌途中并阴线 250
- 9.19 下跌途中三阴夹两阳 252
- 9.20 上升途中三阳夹两阴 253
- 9.21 上升途中大阳、小阳、大阳三步走 255
- 9.22 下跌途中大阴、小阴、大阴三步走 256
- 9.23 上升三法 259
- 9.24 下降三法 260

第10章 散户实战技法

- 10.1 追击T型涨停板 264
  - 10.1.1 追击T型涨停板的原理 264

	10.1.2	追击T型涨停板	265
	10.1.3	实战操作技巧	266
10.2	做长线		268
	10.2.1	长线原理	268
	10.2.2	长线买入点	270
	10.2.3	长线卖出点	272
10.3	KDJ指标抄底		274
	10.3.1	KDJ指标的原理	275
	10.3.2	KDJ的抄底方法	276
10.4	MACD指标抄底逃顶		278
	10.4.1	MACD指标的原理	278
	10.4.2	MACD的抄底方法	278
	10.4.3	MACD的逃顶信号	282
10.5	均线的抄底逃顶大法		285
	10.5.1	均线的抄底大法	285
	10.5.2	均线的逃顶大法	287

第1章 散户跟庄前必须要了解庄家

散户如果能够跟着庄家进行操作，就可以轻而易举地获得不菲的收益，因为拉高股价等一系列重要的环节都是庄家替散户来完成的，散户其实是坐享其成。但是如果想要成功跟庄，必须要首先了解庄家的一些基本概念和基本知识。

1.1 庄家的概念

一提到庄家，可能大部分人头脑里都有一个负面的信息，认为庄家就是贬义词，就是专门坑散户的机构。实际上这种信息是错误的。因此，在跟庄前必须纠正对庄家的认识。

1.1.1 什么是庄家

庄家与散户是一组相对的概念。庄家是指在股市中有一定资金实力，可以通过买卖一定数量的某只股票来控制整个股价的上涨或下跌，从而根据自己的意图来获取高额的股票价差或达到其他目的的投资者。从这个定义中可以看到，股票的庄家并不一定只是为了获得较大的经济利益，还可能是有其他目的，例如干预市场、平抑过度的投机行为等。但不论是哪位庄家，他们的共同之处都是在一定程度上控制股价的走势，因为他们的资金非常雄厚，这是散户所无法比拟的。

散户则是一些小的投资者和筹资机构，他们的资金与庄家相比显得十分单薄，无法改变或者控制价格的走势，只能被动接受价格的走势。因此，散户非常希望跟着庄家的操作来买卖股票，因为庄家可以控制股票，操纵股票大幅上涨时，散户如果能搭上这一顺风车，是以很小成本就能获得收益的。

因此可以看到，庄家和散户是在市场中对立的两大阵营。因为股市是一场零和的游戏，并不创造新的经济价值，而只是财富的转移。如果庄家的目的是获得较大的经济收益，那么其所获得的收益必然是散户们的亏损。对于庄家来说，他们的交易计划和交易策略绝对是完全机密的，一旦泄露给庄家以外的其他人员，他们的亏损是巨大的，这也是普通散户所无法想象和承受的。因此，有些散户自认为知道了一些庄家的内部消息，这是毫无根据的。

1.1.2 散户与庄家的异同

尽管散户与庄家在股市中是一对对立的天敌，但是他们也有共同点。一般情况下，无论是庄家还是散户，他们的最终目的都是在股市中通过差价来获取收益。但是庄家与散户的不同之处在于，庄家可以控制或者影响甚至干预这个股票的走势，他们在一定程度上可以提前规划出股价的上涨或下跌，从而获得较大的利润空间，同时风险也是较低的。而散户则只能被动接受股价的走势，获利方式也仅仅是低买高卖获取差价，无法干预股价的走势。

就风险程度来说，庄家的风险程度要低于散户，因为散户面对的是股价走势的不确定性，丝毫没有控制和改变的能力。而庄家通过大量资金可以在一定程度上控制和影响股价走势，甚至能够化解一些负面的信息，让股价按照庄家的意图进行运行。但是并不等于说庄家是毫无风险的，因为在股市中股价是变幻莫测的，尽管庄家的资金量比散户要充裕数倍，也能够在一定程度上控制股价的走势，但是影响股价走势的因素也是多方面的，因此潜在的风险也是多方面的。庄家不可能完全控制影响股价的每一个因素，而且，如果散户在操作过程中提前识别到庄家的意图，而进行相反的操作，那么庄家就会惨败，亏损的金额也同样是一个天文数字。

1.2 庄家的分类

在股市中，庄家也不止一个。因为庄家的操作方式和操作手段、最终目的各不相同，因此可以将庄家分成不同的类别。如果散户选择跟庄这条途径进行交易，那么必须要熟知所跟的庄家属于哪一类才能采取相应的策略来进行跟庄。下面将介绍一些常见的庄家。

1.2.1 短线庄家

短线庄家也就是说庄家炒作的时间周期非常短暂，短线庄家与普通散户中的短线投资者类似。一般来说，短线庄家的资金比较有限，因此不能长期推高股价，他们并不需要巨额的利润空间，一旦有一定的利润立即会平仓出场。因此，如果散户跟的庄家属于短线庄家，那么就不能抱有长期持有该股票的幻想。因为庄家可能仅仅拉升三四个交易日就已经出货了，而散户必须在此期间也出场，完成这次跟庄任务。

如图1.1所示的为七喜控股日线图。从图中可以看到，当价格跌落至5.83元附近时，庄家开始进场做多。随后，股价被快速拉升。但是没有达到前期高点时，庄家早已出场。整个拉升幅度不大，同时坐庄的时间也不长。散户如果能及时跟庄，短期内获得的收益也是非常可观的。

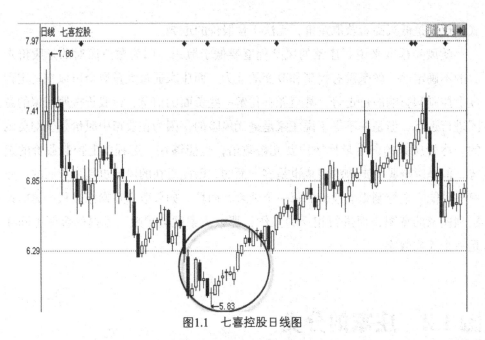

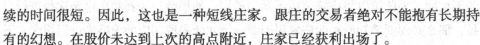

图1.1 七喜控股日线图

如图1.2所示的为华联控股的日线图。图中在市场的底部出现了一个明显的盘整形态，庄家正是在此形态完成了建仓。此后，股价被庄家大幅拉升，但是持续的时间很短。因此，这也是一种短线庄家。跟庄的交易者绝对不能抱有长期持有的幻想。在股价未达到上次的高点附近，庄家已经获利出场了。

图1.2 华联控股日线图

1.2.2 中线庄家

中线庄家是介于短线庄家和长线庄家之间的一类庄家，他们操纵股价的时间要明显长于短线庄家，但同时又短于长线庄家。他们的操作时间一般在一个月左右。散户交易者中的中期投资交易者就相当于中线的庄家。一般来说，中线庄家的建仓时间很长，一般多在股价的底部或者震荡中去吸收大量的筹码，当出现某个利好的信息后，根据这个利好信息顺势拉升股价。他们拉升股价的幅度要远远大于短线庄家的拉升幅度，一般可能在50%左右的涨幅；如果依旧看好行情，那么还有可能达到一倍的涨幅。因为中线庄家吸收了大量的筹码，所占用的资金也远远大于短线庄家的成本，他们拉升的幅度必须要有一个很大的涨幅才能有一定的盈利，所以，散户如果跟的庄家属于中线庄家，那么就不必急于卖出股票。因为拉升的时间会持续一段很长的时间，这仅仅是拉升的一个开始，过早地卖出股票将获得较少的收益。

如图1.3所示的为三一重工小时图。图中可以看到，股价被庄家拉升的幅度是比较大的，而且持续的时间比较长，尽管中间有一定的回调，但那只是庄家的洗盘行为。跟庄者一定要一跟到底，切莫中途退出，否则会失去获得更大利润的机会。

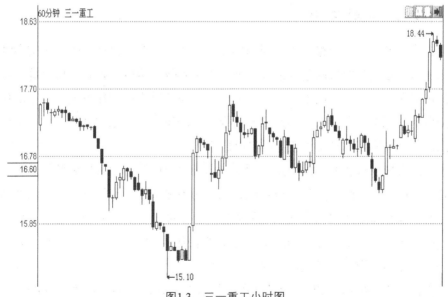

图1.3 三一重工小时图

如图1.4所示的为东方钽业的日线图。从图中可以看到，中线庄家将股价从最低点大幅拉高，持续了将近一月，最后离场。跟庄者在此阶段只要耐心持有，定能获得不菲的收入。

图1.4　东方钽业日线图

1.2.3　长线庄家

长线庄家是指庄家整个坐庄周期比较长，相当于普通投资者的长线交易者，长线庄家一般是在股价跌落至最底部开始吸纳筹码，等待大盘看好后，筹码也吸纳得足够多，这时开始向上拉升。因为整个坐庄的过程周期比较长，庄家所耗费的资金量和成本也会很大。因此只有在很大的涨幅后，庄家才会出场，否则仅仅一段微小的涨幅是弥补不了庄家的操纵成本的。

跟庄者如果选择跟长线庄家，就不能急于卖出股票，同时如果散户进场时正好处于庄家建仓的阶段，那么也不能着急。因为庄家在吸纳筹码时股价的波动范围很小，而且持续的时间会很长，因为庄家要吸纳足够的筹码后才能向上拉升股价。因此投资者只要有足够的耐心，等待庄家吸筹完毕后，未来的上涨空间是巨大的，获得的利润可以说是惊人的。

如图1.5所示的为天山股份月线图。尽管是月线图，但是庄家坐庄的周期是比较长的，长达数年之久。而整体的拉升是比较大的，因此获利空间是比较大的，只是跟庄者必须能够经受住长时间的折磨，长期持股。

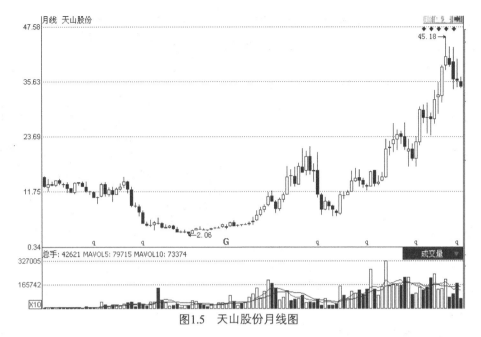

图1.5 天山股份月线图

如图1.6所示的为上海家化的周线图。从图中可以看到，股价在19.23元附近开始直线上涨，庄家一连多根K线都拉出了阳线，而且回调很小。整个坐庄的过程长达数月之久。尽管时间周期很长，但是能够成功跟庄的散户可以说增加了2倍多收益。

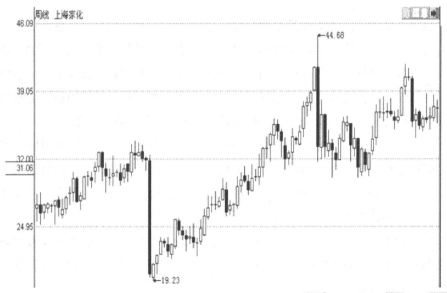

图1.6 上海家化周线图

如图1.7所示的为峨眉山A的日线图。图中庄家几乎在市场的底部入场做多，拉升时间长达数月之久，跟庄者获得的利润几乎达到3倍之多。

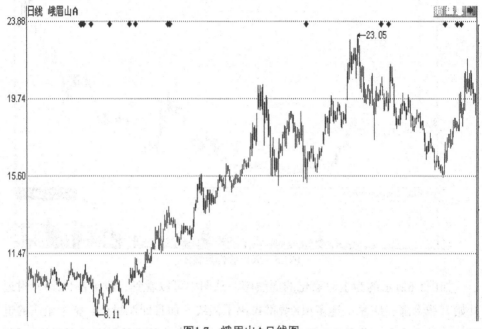

图1.7　峨眉山A日线图

1.2.4　个股庄家

股市中最常见的庄家便是个股庄家，也就是说庄家只持有一只股票，通过对某只股票大量的持有而影响股价的走势。因为庄家的资金来源也是有限的，控制某只股票就要消耗大量的资金，同时控制多只股票需要更大的资金量，一般的庄家是做不到的。因此庄家往往选择某只可能有炒作机会的个股，囤积一定数量的股票，达到控制股价、影响股价走势的目的，从而获取短额的差价。

如图1.8所示的为渤海物流的日线图。从图中可以看到，在价格的最底部，庄家悄然进场建仓，成交量也没有明显增长的迹象。随后庄家开始拉升，当股价达到12元左右的高价时，伴随着庄家的离场，成交量剧烈增长。此后由于庄家的离场，股价一落千丈。

如图1.9所示的为渤海物流的十大流通股东情况示意图。图中可以清楚地看到大量买入该股票的机构名称，也就是说，那些庄家在操作这个股票是一目了然的。

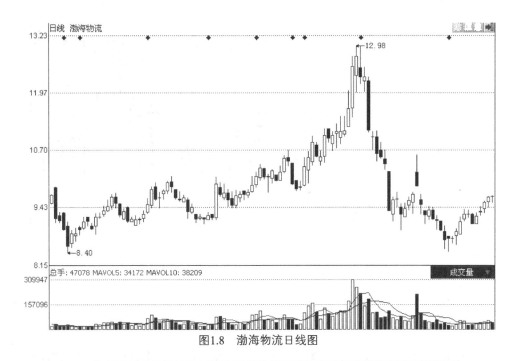

图1.8 渤海物流日线图

截至日期:2010-12-31 十大流通股东情况 股东总户数:30887				
股东名称	持股数(万股)	占流通股比(%)	股东性质	增减情况(万股)
中兆投资管理有限公司	10126.08	29.91 A股	公司	未变
安徽新长江投资股份有限公司	2130.52	6.29 A股	公司	-100.83
秦皇岛市人民政府国有资产监督管理委员会	1174.23	3.47 A股	公司	未变
中国糖业酒类集团公司	896.76	2.65 A股	公司	未变
中国农业银行－大成景阳领先股票型证券投资基金	569.99	1.68 A股	基金	新进
中国工商银行－广发行业领先股票型证券投资基金	465.20	1.37 A股	基金	新进
全国社保基金－零八组合	429.98	1.27 A股	社保基金	新进
中国银行－大成财富管理2020生命周期证券投资基金	350.00	1.03 A股	基金	-44.98
中国农业银行－大成创新成长混合型证券投资基金(LOF)	345.00	1.02 A股	基金	-310.20
中国农业银行－益民创新优势混合型证券投资基金	335.74	0.99 A股	基金	新进
合计持有16823.51万流通A股,分别占总股本49.67%,流通A股49.70%				

图1.9 渤海物流庄家信息

如图1.10所示的为远光软件周线图。图中股价在最低点徘徊了数月之久,庄家正是利用这段时间完成了建仓。此后庄家开始大幅拉升股价,等到股价创出新高后,庄家已经出货完毕,随后股价开始大幅下跌。

第1章 散户跟庄前必须要了解庄家 9

图1.10 远光软件周线图

如图1.11所示,反映了远光软件十大流通股的信息。也就是说这十大机构是买入远光软件股票的大户。他们的一举一动都关系到该股票的市场走势。

【2.股东变化】
截至日期:2011-03-31 十大流通股东情况 股东总户数:19751

股东名称	持股数(万股)	占流通股比(%)	股东性质	增减情况(万股)
珠海市东区荣光科技有限公司	7033.19	28.46 A股	公司	未变
国电电力发展股份有限公司	2144.47	8.68 A股	公司	未变
吉林省电力有限公司	1733.66	7.02 A股	公司	未变
福建省电力有限公司	1733.66	7.02 A股	公司	未变
中国银行—华泰柏瑞盛世中国股票型开放式证券投资基金	926.87	3.75 A股	基金	-6.03
中国银行—嘉实稳健开放式证券投资基金	449.42	1.82 A股	基金	78.26
中国建设银行—交银施罗德蓝筹股票证券投资基金	411.22	1.66 A股	基金	19.99
大成价值增长证券投资基金	318.42	1.29 A股	基金	新进
丰和价值证券投资基金	316.00	1.28 A股	基金	-135.47
中国工商银行—广发聚丰股票型证券投资基金	308.95	1.25 A股	基金	新进

合计持有15375.86万流通A股,分别占总股本59.18%,流通A股62.23%

图1.11 远光软件十大流通股信息

1.2.5 板块庄家

如果庄家的资金相对来说比较充足,除了可以操纵一只股票外,还有剩余资金，那么庄家往往会选择其他的股票同时坐庄。但是一般来说，庄家不会选择两只毫无关联的股票来坐庄，因为那样耗费的成本是很高的。更多的时候，庄家选择一个板块中的多只股票来坐庄。因为在散户交易过程中，常常有一个心理就是板块效应，很多小型的交易者往往看好某类板块，比如看好房地产的板块，那么往往会选择板块内的多只房地产企业股票来进行买卖，而庄家也是利用了散户的这一心理。

如果庄家成功地拉升了板块内的某一只股票，那么散户往往会认为该板块有投资的价值，纷纷购买板块内的不同股票，这就为庄家拉升其他股票创造了机会。如图1.12所示的为板块分析的界面。图中可以发现当天涨幅表现最好的是次新股概念这个板块。

	板块代码	板块名称	均涨幅%	成交量	金额-亿	总手比%	金额比%	总市值	总值增减	均价	流通市值
1	BI1038	次新股概念	4.18	5158095	120.56	2.43	4.70	5324.42	142.48	27.76	0.00
2	BI1164	信托	4.08	237533	5.12	0.11	0.20	0.00	0.00	20.93	0.00
3	BI1071	海南	3.40	3283950	39.48	1.55	1.54	61.85	13.65	12.71	0.00
4	BI1144	普通机械制造	2.24	4916651	67.17	2.31	2.62	59.95	16.79	17.56	0.00
5	BI1114	农业	1.48	2057376	29.92	0.97	1.17	32.53	0.61	16.86	0.00
6	BI1159	计算机应用服务	1.32	1387596	27.60	0.65	1.08	107.09	3.60	23.46	0.00
7	BI1152	航空运输	1.23	2336985	20.60	1.10	0.80	0.00	0.00	8.68	0.00
8	BI1121	食品	1.18	1874208	27.90	0.88	1.09	202.73	10.02	22.61	0.00
9	BI1160	零售业	1.06	4220153	51.13	1.99	1.99	183.08	1.80	15.18	0.00
10	BI1138	非金属矿物制品	1.05	4299481	65.30	2.02	2.55	132.14	17.02	17.91	0.00
11	BI1083	山东	1.04	11018648	159.82	5.19	6.23	445.55	26.66	18.49	0.00
12	BI1129	化学农药	0.96	941714	12.67	0.44	0.49	0.00	0.00	15.61	0.00
13	BI1034	创业板概念	0.96	4956474	106.04	2.33	4.13	1475.45	28.28	24.59	0.00
14	BI1109	商业指数	0.91	3865738	43.07	1.82	1.68	0.00	0.00	12.90	0.00
15	BI1131	塑料制造	0.86	1496059	22.49	0.70	0.88	208.53	10.43	17.54	0.00
16	BI1174	传播与文化产业	0.83	1172477	19.15	0.55	0.75	0.00	0.00	15.50	0.00
17	BI1061	安徽	0.79	5468637	92.94	2.57	3.62	83.73	15.45	17.87	0.00
18	BI1122	饮料	0.78	2591545	66.49	1.22	2.59	0.00	0.00	34.55	0.00
19	BI1158	计算机软件	0.70	1722887	24.59	0.81	0.96	80.41	2.28	20.07	0.00
20	BI1156	通信设备	0.65	3986078	54.57	1.88	2.13	99.73	3.79	18.84	0.00
21	BI1117	渔业、牧业	0.64	1265447	19.52	0.60	0.76	0.00	0.00	16.91	0.00

图1.12　板块分析界面

如图1.13所示的为次新股概念板块中的部分个股。如果仔细观察，不难发现板块内的许多只股票都出现了不同情况的拉升现象，只是庄家拉升的幅度不同而已。

图1.14为正海磁材日线图，图1.15为双星新材日线图，图1.16为光韵达日线图。正海磁材、双星新材和光韵达都是次新股概念板块中的股票，从图中也可以看到，它们的日线图具有惊人的相似性。这也正是板块庄家介入的结果。通过拉升一两只股票，板块内的其他股票就可以轻松被拉升。

	代码	名称	星级	涨幅%	现价	总手	现手	昨收	开盘	最高	最低	换手%	叫买	叫卖
1	002598	N章鼓	★★★	+105.90	20.59	292380	3445 ↑	10.00	21.90	26.28	20.51	91.37	20.58	20.59
2	002596	N瑞泽	★★★★	+80.08	21.88	245282	2823 ↑	12.15	23.11	28.25	21.81	90.18	21.87	21.88
3	002597	N金禾	★★	+50.84	32.43	232713	2406 ↓	21.50	32.50	40.10	32.40	86.83	32.43	32.44
4	300235	方直科技	★★★	+10.00	34.22	20343	448 ↓	31.11	31.31	34.22	31.31	23.12	34.22	--
5	002585	双星新材	★★★★	+8.64	47.67	65999	529 ↓	43.88	44.80	48.27	44.80	15.79	47.67	47.68
6	300197	铁汉生态	★★★	+8.34	81.80	10619	128 ↓	75.50	75.51	83.05	75.50	6.85	81.70	81.80
7	601208	东材科技	★★★	+7.63	25.26	106528	18 ↓	23.47	23.59	25.82	23.40	16.64	25.25	25.27
8	002590	万安科技	★★★	+6.52	21.89	62202	440 ↓	20.55	20.28	22.50	20.28	33.02	21.89	21.90
9	300224	正海磁材	★★★	+6.00	25.97	91423	790 ↓	24.50	24.45	26.95	24.28	28.57	25.97	25.98
10	300227	光韵达	★★★	+5.96	17.79	37231	773 ↑	16.79	16.70	18.47	16.70	27.18	17.78	17.79
11	002570	贝因美	★★★	+5.77	37.95	45676	273 ↑	35.88	35.68	39.37	35.41	13.27	37.94	37.95
12	002588	史丹利	★★★	+5.71	35.00	37222	903 ↓	33.11	33.16	35.09	33.16	14.26	35.00	35.01
13	002583	海能达	★★★	+5.02	20.91	107803	921 ↓	19.91	19.80	21.03	19.76	19.25	20.91	20.92
14	300237	美晨科技	★★	+5.01	34.78	38388	579 ↓	33.12	33.17	36.08	33.17	33.38	34.77	34.78
15	002565	上海绿新	★★★	+4.90	27.20	21197	233 ↓	25.93	26.00	27.35	25.94	6.33	27.20	27.21
16	300221	银禧科技	★★★	+4.59	17.53	44618	256 ↓	16.76	16.80	18.25	16.80	22.28	17.53	17.55
17	300220	金运激光	★★★★	+4.46	32.33	12606	306 ↑	30.95	30.93	33.75	30.93	17.51	32.32	32.33
18	300188	美亚柏科	★★★	+4.19	40.00	7142	75 ↑	38.39	38.33	41.00	38.11	5.29	39.93	40.00
19	300229	拓尔思	★★★★	+4.09	17.82	61077	505 ↓	17.12	17.11	18.73	17.11	25.45	17.82	17.83
20	300225	金力泰	★★★★	+3.63	28.83	32134	188 ↑	27.82	28.11	29.75	28.08	23.56	28.81	28.83
21	300195	长荣股份	★★★★	+3.60	42.85	26369	287 ↑	41.36	41.38	43.99	41.38	10.25	42.80	42.85

图 1.13 次新股概念板块内的部分个股

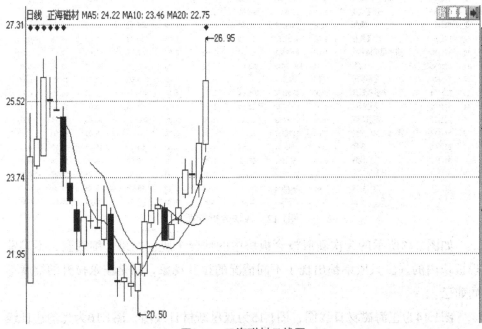

图1.14 正海磁材日线图

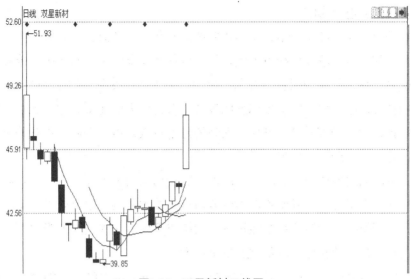

图1.15 双星新材日线图

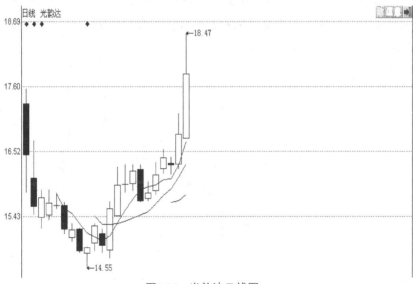

图1.16 光韵达日线图

1.2.6 政府庄家

政府庄家与一般的庄家不同，其根本目的不在于获取价差，而在于平抑市场过度投机。当金融市场处于不正常的过度投机状态时，政府往往会通过各种手段来救市，政府所能动用的资金是较大的，因此对股市的影响也是较大的。此外，政府如果干预市场，并不一定需要动用资金，仅仅是一系列政策的出台往往就会对股价的走势造成影响。

在任何国家，如果股市处于不正常的波动状态，政府都会采用一些方式来进行干预，使金融市场秩序得以恢复正常。例如在20世纪末，国际游资曾经冲击东南亚金融市场，仅就中国香港来说，国际炒家在外汇市场、股市市场、期货股指市场中同时做空，以谋求汇率制度的改变，获得巨大的经济利益。当时香港政府为了维护正常的经济秩序，动用了大量的港币直接入市，来回击投资分子的投机行为，这就是政府干预股市的实例。

在中国内地的股市中，尽管政府没有直接动用资金干预市场，但是当国内外出现一些突发事件、国际游资对国内股市产生重大影响、股市处于极端上涨或极端下跌的行情中时，政府都会通过一些措施或者出台一些政策来挽救股市，使股市保持正常良好的秩序，避免过度投机行为。

如图1.17所示的为上证综指日线图。之前指数大幅上涨，达到将近一倍的涨幅。为了抑制过度的投机行为，国家突然宣布调高印花税率。这个巨大的利空消息，引发了第二日多只股票纷纷跳水。上证指数在5月30日受到了重创，一日之内连续跌穿了5个整数关口。

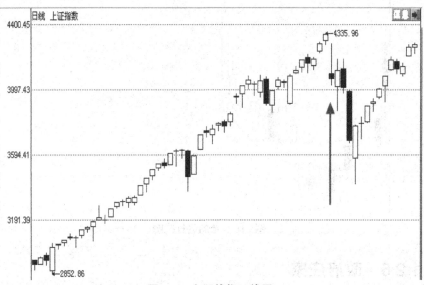

图1.17　上证综指日线图

如图1.18所示的为深证成指日线图。突然出现的印花税率上调的消息，使得深证指数在30日开盘即大幅下挫，开盘价比前一日收盘价下跌了805.4点，跌幅近6%。

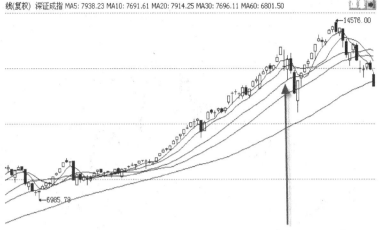

图1.18 深证成指日线图

不仅指数出现了快速跳水,之前大涨的股票也出现了大幅下挫的迹象。如图1.19所示的为深发展A日线图。深发展在指数中占有重要的席位,之前多日的涨幅已经让市场处于过度投机的状态。在国家平抑市场出台的印花税上调政策后,30日深发展A迅速下跌,当天就处于了跌停板的位置。

图1.19 深发展A日线图

如图1.20所示的为青海明胶日线图。青海明胶与深发展A不同,它对指数的影响不大,但是国家的印花税政策同样对它产生了重大的影响。30日的股价出现了大幅下挫的迹象,而且后续的多个交易日都在此基础上开始下跌,一波下跌的行情由此开始。

第1章 散户跟庄前必须要了解庄家 15

图1.20 青海明胶日线图

可见，政府庄家对股市的影响是巨大的，也是一般庄家所无法比拟的。不仅在股市处于极度高涨的情况下，国家要予以干预；同样在极度疲弱的情况下，政府同样要采取一些刺激的手段来提振金融市场。

如图1.21所示的为上证指数日线图。从图中可以看到，股价从5 522.78元直线下降到了2 990.79元附近，跌幅已经将近一倍。国家为了提振股市，宣布下调印花税税率，这无疑对股民来说是一个利多的消息。在24日，指数不仅跳空高开，还收成了一个实体不小的阳线；成交量在24日也出现了明显的增多。

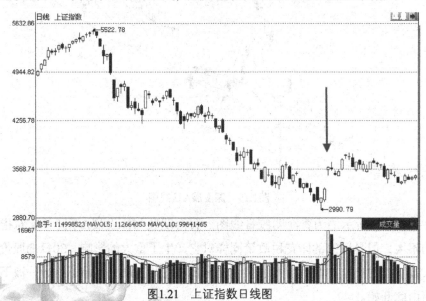

图1.21 上证指数日线图

如图1.22所示的为深证综指日线图。图中可以看到，成指多日暴跌，在4月24日利多消息的刺激下跳空高开，形成了一个缺口；成交量在当天也出现了放量的迹象。

图1.22　深证综指日线图

如图1.23所示的为深发展A日线图。政府庄家一般对个股的影响是很大的。就深发展A来说，24日当天就出现了一个跳空的涨停板，成交量也有明显的增多。仅仅开盘的跳空就上涨了2元左右，这是普通庄家做不到的。

图1.23　深发展A日线图

如图1.24所示的为青海明胶日线图。图中从9.96元大幅下跌，在4月24日出现了一个跳空高开的现象；成交量也验证了价格的走势，出现了放量的情况。由此可见，政府庄家对个股的影响具有普遍性，而不仅仅是对某只股票有影响。

图1.24　青海明胶日线图

1.2.7　基金庄家

基金庄家是中国股市中最常见的庄家之一，他们的主要目的是盈利。因为基金庄家掌控了一定量的闲散资金，可以通过购买大量的某只股票来达到影响股价的目的。但是同时国家也规定了投资基金可以持仓的数量限制，而且根据规定基金还必须每三个月向社会公布一次投资的组合情况，因此投资基金所持有的股票名称和数量都是可以公开披露给散户投资者的。

一般来说，投资基金倾向于选择购买绩优股和权重股。有时可能多家投资基金会购买同一只绩优股或者权重股，从而引发该只股票过度上涨或过度下跌。跟庄者应该留意所购买股票是否有基金大量持有。

图1.25为中海油服的周线图，图1.26为中海油服的流通股东。中海油服属于绩优股一类，是众多基金追捧的对象之一。从图1.26还可以看到，大量的基金购买了中海油服的股票，该股票的大部分份额都掌握在基金手中。因此散户必须要了解这些基金的动向，否则众多基金同时抛售，股价势必大跌。从图1.25的

走势图可以发现，行情走势受到了庄家建仓、拉升等环节的很大影响。

图1.25　中海油服周线图

【2.股东变化】
截至日期：2011-03-31　十大流通股东情况　股东总户数：131412

股东名称	持股数（万股）	占流通股比（%）	股东性质	增减情况（万股）
中国海洋石油总公司	241046.80	82.82 A股	公司	未变
香港中央结算（代理人）有限公司	153155.39	99.79 H股	公司	-7.00
华夏盛世精选股票型证券投资基金	1521.78	0.52 A股	基金	未变
华夏优势增长股票型证券投资基金	1373.98	0.47 A股	基金	-2025.94
华夏红利混合型开放式证券投资基金	1131.09	0.39 A股	基金	99.99
鹏华动力增长混合型证券投资基金（LOF）	812.66	0.28 A股	基金	新进
华宝兴业行业精选股票型证券投资基金	800.65	0.28 A股	基金	新进
交银施罗德精选股票证券投资基金	793.53	0.27 A股	基金	未变
华夏蓝筹核心混合型证券投资基金（LOF）	793.40	0.27 A股	基金	-70.00
全国社保基金一零四组合	750.00	0.26 A股	社保基金	-120.00

图1.26　中海油服的流通股东

图1.27为深发展A日线图，图1.28为深发展A十大流通股。可以发现，十大流通股中基金占有了很大的比例。因为基金十分青睐深发展这样的权重股。图1.27所示的日线图，不可避免地要受到基金庄家坐庄的影响。

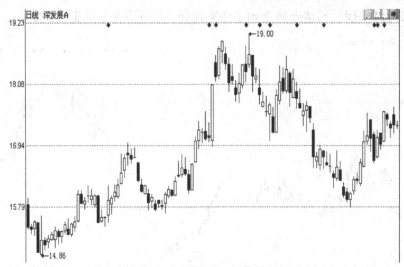

图1.27　深发展A日线图

【2.股东变化】
截至日期：2011-03-31　十大流通股东情况　股东总户数：341316

股东名称	持股数（万股）	占流通股比（%）	股东性质	增减情况（万股）
中国平安保险（集团）股份有限公司—集团本级—自有资金	52147.09	16.79 A股	保险公司	未变
中国平安人寿保险股份有限公司—传统—普通保险产品	14096.35	4.54 A股	保险理财	未变
深圳中电投资股份有限公司	8730.23	2.81 A股	公司	未变
中国人寿保险股份有限公司—分红—个人分红-005L-FH002深	6350.44	2.04 A股	保险理财	未变
海通证券股份有限公司	4791.53	1.54 A股	证券公司	144.84
全国社保基金———零组合	4032.61	1.30 A股	社保基金	未变
中国银行—易方达深证100交易型开放式指数证券投资基金	3345.34	1.08 A股	基金	-89.08
中国人寿保险股份有限公司—传统—普通保险产品-005L-CT001深	3150.00	1.01 A股	保险理财	未变
中国农业银行—富国天瑞强势地区精选混合型开放式证券投资基金	2859.15	0.92 A股	基金	未变
中国工商银行—融通深证100指数证券投资基金	2761.53	0.89 A股	基金	新进

图1.28　深发展A十大流通股

　　图1.29为中国石化月线图，图1.30为中国石化十大流通股。中国石化不仅是拉筹股，而且是权重股、绩优股，这样的优越身份自然吸引了众多的基金。从图1.30中可以看出，十大流通股中基金占据了多数的席位。

　　中国石化尽管流通盘很大，一般来说很难被庄家操作；但是众多基金的介入，不可避免地会影响它。从图1.29所示的中国石化月线图中可以发现，成交量和股价很明显受到了庄家的干涉。

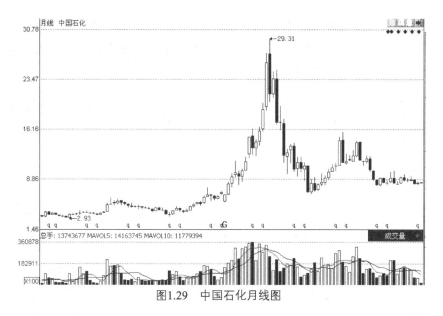

图1.29 中国石化月线图

截至日期:2011-03-31 十大流通股东情况 股东总户数:875461

股东名称	持股数（万股）	占流通股比(%)	股东性质	增减情况（万股）
中国石油化工集团公司	6575804.40	94.04 A股	公司	未变
香港（中央结算）代理人有限公司	1666388.50	99.31 H股	公司	565.90
国泰君安证券股份有限公司	25650.20	0.37 A股	证券公司	42.10
中国人寿保险股份有限公司—分红—个人分红—005L—FH002沪	17812.00	0.25 A股	保险理财	3737.00
中邮核心成长股票型证券投资基金	5514.30	0.08 A股	基金	-772.80
南方隆元产业主题股票型证券投资基金	4430.00	0.06 A股	基金	新进
上证50交易型开放式指数证券投资基金	3657.90	0.05 A股	基金	-204.60
易方达50指数证券投资基金	3434.40	0.05 A股	基金	-100.00
中国人民人寿保险股份有限公司—分红—一险分红	3083.60	0.04 A股	保险理财	-191.10
银华富裕主题股票型证券投资基金	3000.00	0.04 A股	基金	新进

图1.30 中国石化十大流通股

1.2.8 社保基金庄家

根据国家规定，社保基金是可以进入股市的，但是有着严格的比例限制，进入股市的少量社保基金是整体的社保基金实现增值的功能。也就是说，在股市中投资是社保基金其中的一个增值项目。但是一般而言，社保基金的资金雄厚，散户跟庄者应该予以特别的关注。

图1.31为深发展A日线图，图1.32为深发展A十大股东。从图中可以看到，社保基金介入了深发展A股票，而且从图1.31所示的日线图来看，如果散户能够跟着社保基金进入市场，获得的收益还是相当不错的。

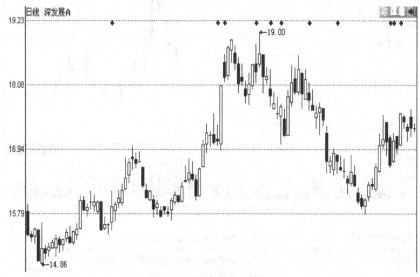

图1.31 深发展A日线图

股东名称	持股数（万股）	占总股本比(%)	股份性质	增减情况（万股）
中国平安保险（集团）股份有限公司－集团本级－自有资金	52147.09	14.96	无限售A股	未变
中国平安人寿保险股份有限公司－自有资金	37958.00	10.89	限售A股	未变
中国平安人寿保险股份有限公司－传统－普通保险产品	14096.35	4.04	无限售A股	未变
深圳中电投资股份有限公司	8730.23	2.51	无限售A股	未变
中国人寿保险股份有限公司－分红－个人分红-005L-FH002深	6350.44	1.82	无限售A股	未变
海通证券股份有限公司	4646.69	1.33	无限售A股	19.85
全国社保基金———零组合	4032.61	1.16	无限售A股	新进
中国银行－易方达深证100交易型开放式指数证券投资基金	3434.42	0.99	无限售A股	-1584.19
上海浦东发展银行－广发小盘成长股票型证券投资基金	3332.96	0.96	无限售A股	新进
中国人寿保险股份有限公司－传统－普通保险产品-005L-CT001深	3150.00	0.90	无限售A股	未变

截至日期：2010-12-31 十大股东情况 股东总户数：352655 户均流通股：8806

图1.32 深发展A十大股东

图1.33为建投能源日线图，图1.34为建投能源十大流通股东。其中社保基金榜上有名。从图1.33的日线图中也可以看到，上涨趋势还是十分明显的，跟庄成功的散户是能够获得一定利润的。

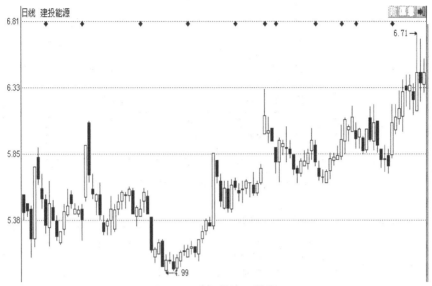

图1.33 建投能源日线图

【2.股东变化】
截至日期:2011-03-31 十大流通股东情况 股东总户数:58086

股东名称	持股数（万股）	占流通股比(%)	股东性质	增减情况（万股）
河北建设投资集团有限责任公司	50259.03	55.01 A股	公司	未变
华能国际电力开发公司	18370.00	20.11 A股	公司	未变
海关总署机关服务中心（海关总署机关服务局）	205.27	0.22 A股	公司	未变
全国社保基金五零一组合	200.00	0.22 A股	社保基金	未变
路春敬	106.70	0.12 A股	个人	未变
邓金伦	93.50	0.10 A股	个人	未变
河北精勤文化传播有限公司	79.67	0.09 A股	公司	未变
中融国际信托有限公司-中融盈捷1期	78.06	0.09 A股	私募基金	新进
宋凌云	70.00	0.08 A股	个人	新进
张爱军	67.30	0.07 A股	个人	未变

图1.34 建投能源十大流通股东

一般而言，如果能成功跟着社保基金买卖股票，就可以获得巨大的利润。比如在2008年的大熊市中，社保基金独领风骚，在市场中获得了不小的收益，令众多机构都佩服不已。而且社保基金所持有的个股是多元化的，不仅仅持有大盘股，一些有增长潜力的板块都是社保基金选股的首选。

图1.35为社保基金六零一持股情况，图1.36为社保基金六零二持有的部分个股，图1.37所示为社保基金六零三持有的部分个股。

社保基金名称	报告期	股票名称	股票代码	持股数量(万股)	占流通股比例(%)	仓位变化(万元)
全国社保基金六零一组合	2011-03-31	三维丝	300056	77.7319	1.4948	0.0000
	2011-03-31	桑德环境	000826	502.9856	1.2168	502.9856
	2011-03-31	友阿股份	002277	415.3686	1.1895	87.8959
	2011-03-31	天士力	600535	450.0371	0.8715	450.0371
	2011-03-31	烟台氨纶	002254	204.2722	0.7825	24.9871
	2011-03-31	一汽夏利	000927	857.6995	0.5377	857.6995
	2011-03-31	棕榈园林	002431	99.2283	0.5168	6.0000
	2011-03-31	科士达	002518	17.3403	0.1508	17.3403
	2011-03-31	兖州煤业	600188	334.9668	0.0681	334.9668

图1.35　社保基金六零一组合持股情况

社保基金名称	报告期	股票名称	股票代码	持股数量(万股)	占流通股比例(%)	仓位变化(万元)
全国社保基金六零二组合	2011-03-31	新宙邦	300037	164.9547	1.5416	114.9547
	2011-03-31	汉威电子	300007	180.0680	1.5260	-29.9081
	2011-03-31	硅宝科技	300019	139.9717	1.3723	19.9948
	2011-03-31	民和股份	002234	120.0000	1.1163	-80.0000
	2011-03-31	金宇集团	600201	299.9942	1.0683	-0.0058
	2011-03-31	易世达	300125	46.2200	0.7834	-15.0638
	2011-03-31	瑞凌股份	300154	80.0000	0.7159	50.0000
	2011-03-31	吉松股份	300132	39.9887	0.5968	39.9887
	2011-03-31	三友化工	600409	499.9843	0.4719	499.9843
	2011-03-31	奥飞动漫	002292	89.9926	0.3515	89.9926
	2011-03-31	佳士科技	300193	58.9800	0.2708	58.9800
	2011-03-31	贵州百灵	002424	54.9886	0.2338	0.0000
	2011-03-31	九州通	600998	225.0012	0.1584	225.0012
	2011-03-31	天瑞仪器	300165	9.9919	0.1350	9.9919

图1.36　社保基金六零二组合持有的部分个股

社保基金名称	报告期	股票名称	股票代码	持股数量(万股)	占流通股比例(%)	仓位变化(万元)
全国社保基金六零三组合	2011-03-31	大有能源	600403	200.0000	1.5690	200.0000
	2011-03-31	华意压缩	000404	399.9934	1.2323	399.9934
	2011-03-31	黄河旋风	600172	299.9860	1.1194	299.9860
	2011-03-31	精工钢构	600496	419.9844	1.0852	419.9844
	2011-03-31	津劝业	600821	400.0000	0.9609	400.0000
	2011-03-31	轴研科技	002046	99.9985	0.9251	99.9985
	2011-03-31	山东海化	000822	399.9916	0.4469	399.9916
	2011-03-31	上海建工	600170	399.9908	0.3838	399.9908
	2011-03-31	四川双马	000935	199.9928	0.3247	199.9928
	2011-03-31	云南锗业	002428	35.4877	0.2825	-19.9950
	2011-03-31	航民股份	600987	100.0000	0.2361	100.0000
	2011-03-31	金隅股份	601992	529.9906	0.1237	529.9906
	2011-03-31	索盛石化	002493	35.4992	0.0638	35.4992

图1.37　社保基金六零三组合持有的部分个股

尽管社保基金持有的股票各不相同，但是基本上都有比较好的走势。因此如果选择跟着社保基金这个庄家买入股票还是可以获得较大收益的。

如图1.38所示的为三友化工日线图。三友化工股票是社保基金六零二组合持有的个股之一。从走势图中可以看到，该股出现了明显的上涨行情，社保基金获得了很大的利润。当然，跟庄者也轻而易举地获得了收益。

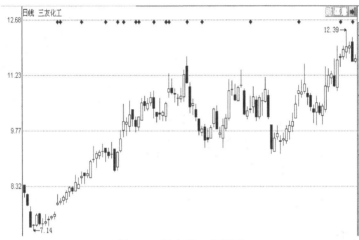

图1.38　三友化工日线图

黄河旋风这只股票不能算是大盘股，在指数中占有的权重也不大。但是它是社保基金六零三组合持股中的一只个股。而图1.39的黄河旋风日线图也反映了一大段的上涨行情，涨幅已经超过了两倍，跟庄者短期内的回报率是惊人的。

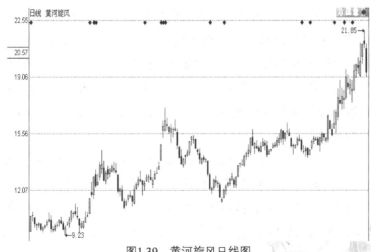

图1.39　黄河旋风日线图

天士力是社保基金六零一组合持有的股票之一。图1.40为天士力周线图。从图中可以看到，价格从14.38元扶摇而上，直至45.79元。跟庄者可以多获得两倍多的回报。

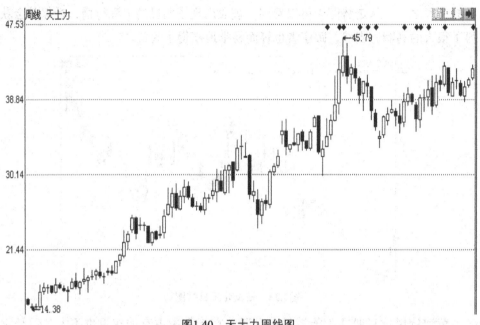

图1.40　天士力周线图

1.2.9　境外机构投资者庄家

合格的境外机构投资者（英文简称QFII），他们的投资理念似乎与国内机构的投资理念并不完全相同，因此国内股民认为没有投资价值的股票，往往是这些境外机构投资者所青睐的对象。但是回顾历史可以发现，境外机构投资者购买股票往往是国内股市处于低迷之时，因此他们往往是埋在了一个最低点。例如在2005年6月，上证综指跌破了千点大关，可以说已经处于极度下跌的时刻，但是国内的大量投资者丝毫没有察觉到这是一个可以买入股票进行抄底的时机，而合格的境外机构投资者恰在此时开始买入股票了。

如同社保基金一样，跟庄者如果跟着境外机构投资者这个庄家买卖股票，获得的收益也同样是巨大的。但是境外机构投资者数量很多，投资者应该对这些机构有个基本的印象，以便于了解个股中的哪些大户是属于境外机构投资者。

如图1.41所示的为江西水泥股东情况。其中第二大持有者就是摩根大通。

股东名称	持股数(万股)	占流通股比(%)	股东性质	增减情况(万股)
江西水泥有限责任公司	17412.99	46.33 A股	公司	1404.49
国际金融-汇丰-JPMORGAN CHASE BANK,NATIONAL ASSOCIATION（摩根大通）	1264.50	3.36 A股	QFII	未变
中国工商银行-广发聚富开放式证券投资基金	1116.17	2.97 A股	基金	716.18
中国建材股份有限公司	1000.00	2.66 A股	公司	未变
交通银行-海富通精选证券投资基金	1000.00	2.66 A股	基金	-500.09
中国建设银行-长盛同庆可分离交易股票型证券投资基金	1000.00	2.66 A股	基金	新进
中国建设银行-华夏优势增长股票型证券投资基金	732.87	1.95 A股	基金	新进
中国建设银行-广发内需增长灵活配置混合型证券投资基金	602.88	1.60 A股	基金	未变
中国建设银行-华安宏利股票型证券投资基金	541.87	1.44 A股	基金	新进
中国建设银行-华夏盛世精选股票型证券投资基金	491.98	1.31 A股	基金	新进

图1.41　江西水泥股东情况

图1.42显示了江西水泥的走势情况。很明显，此次QFII机构的投资是正确的，而作为散户的投资者如果能够成功跟庄，可以多获得两倍多的收益。

图1.42　江西水泥周线图

德意志银行也是常见的QFII机构，图1.43显示了德意志银行购买了珠海中富股票。

【2.股东变化】
截至日期:2011-03-31 十大流通股东情况 股东总户数:57910

股东名称	持股数(万股)	占流通股比(%)	股东性质	增减情况(万股)
ASIA BOTTLES (HK) COMPANY LIMITED	19960.57	29.00 A股	公司	新进
中国银行一华夏大盘精选证券投资基金	1554.77	2.26 A股	基金	新进
中国建设银行一华夏红利混合型开放式证券投资基金	1208.06	1.76 A股	基金	新进
中国银行一华夏策略精选灵活配置混合型证券投资基金	996.52	1.45 A股	基金	新进
交通银行一华夏蓝筹核心混合型证券投资基金(LOF)	970.61	1.41 A股	基金	新进
中国建设银行一华夏盛世精选股票型证券投资基金	734.15	1.07 A股	基金	新进
中国银行一华夏行业精选股票型证券投资基金(LOF)	619.73	0.90 A股	基金	新进
东方证券股份有限公司客户信用交易担保证券账户	445.54	0.65 A股	公司	新进
DEUTSCHE BANK AKTIENGESELLSCHAFT 德意志银行	434.00	0.63 A股	QFII	新进
中信信托有限责任公司一上海建行820	377.00	0.55 A股	基金	新进

图1.43 珠海中富股东情况

如图1.44所示的为珠海中富周线图。从图中可以看到,如果散户能够成功跟庄,可以获得近两倍的利润。

图1.44 珠海中富周线图

1.3 庄家的优势和劣势分析

尽管庄家有雄厚的资金可以提前干预股市,可以说在一定程度上让股价按照庄家的意图运行,但是并不等于说庄家就具有完全的优势,丝毫没有劣势。下面我们就庄家常见的一些优劣势来进行分析。

1.3.1 庄家的优势

庄家的优势首先表现在庄家具有雄厚的资金,而这些资金就是庄家在股市中拉升股价的工具。正因为散户与庄家相比,在资金上不占优势,因此只能被动地接受股价的走势,而没有丝毫改变的能力。由此可以看出,散户如果能跟庄操作,那么就可以轻而易举地利用庄家的雄厚资金来获取收益了。

因为庄家用雄厚的资金拉升了大幅度上涨空间,同时也是免费提供给散户学习的。

庄家的优势还表现在他的消息十分灵通。在股市中,消息占有举足轻重的地位。有时突发的一个利空或者利多的消息,都会引起股价的大幅度波动。而庄家也不可避免地会受到各种信息的冲击,有时尽管庄家在坐庄前已经做了周密的计划,有着严格的操作方案和操作步骤,但是当股市中突然出现的某类消息,也会打乱庄家的整个操作计划。因此庄家对各类信息也是十分关注的,而且还通过自己各方面的关系,及时或者提前了解信息。此外,庄家还可以通过各种手段来散布一些庄家需要的虚假信息,迷惑散户。

对于庄家来说,麾下还会有众多的人才加盟。因为庄家坐庄的整个操作流程中会有众多分工,每个环节都会有专门的人员进行操作,有的人员主要针对某只股票的宏观方面进行调研,而有的研究人员专门针对市场中散户跟进情况进行调查。在这一点上,散户交易者是与之无法相比的,更多的散户在买卖股票时往往是随机的、感性的,而庄家则绝对不可能出现随机买卖或者拉升股票的情况。

相对来说,在成本方面庄家要比散户更容易节约或者降低成本。在一些波动的行情中,庄家可以在拉升至某一高点时卖出股票,等待股价回落到某一低点时再买入股票。如此反复多次不断地买卖股票,可以保证手中的筹码数量不变,但是吸筹的成本要远远降低。如图1.45所示的为珠海中富的周线图。图中椭圆形区域是波浪中的两个波谷,而这又是庄家在此吸筹,买入股票的时机。等待未来大幅拉升后,庄家的平均成本会降低。

图1.45　珠海中富周线图

而散户的资金往往比较有限，因此很难通过高抛低吸来降低成本。很多小型投资者仅仅只能买入一次股票，就没有剩余资金可以调配了。

另外，庄家还可以在大势看好的情况下加仓买入股票，这样一方面可以促进股价的继续推升，加大获利空间，同时也使整个股票的平均成本大幅度降低。如图1.46所示的为天士力周线图。图中椭圆形区域是股价被庄家打压的结果，此时意志不坚定的投资者会纷纷离场，而庄家会在此时继续买入，而未来的拉升幅度要远远大于之前的幅度。此次庄家的加仓购买，扩大了庄家的原有利润。

图1.46　天士力周线图

1.3.2　庄家的劣势

尽管庄家在股市中有呼风唤雨的能力，但是其也有自身的软肋。首先来说，在某只股票中,庄家仅仅是一个,而散户就有成千上万。这形成了一个以一敌万的竞争场面,只要庄家操作稍有不慎,就会被众多的散户及时发现,从而造成整个坐庄的失败,产生巨额的亏损。

尽管庄家有高级的分析团队,但是散户中的投资者也有许多是经过千锤百炼的老股民,他们在市场中经过多年的摸爬滚打,练就了一双火眼金睛。因此对于庄家的一举一动,一些散户都会了如指掌,及时洞察庄家的意向。因此庄家在整个坐庄过程中也都是小心谨慎、战战兢兢的,不敢有丝毫懈怠的心理。

庄家拥有大量筹码可以拉升股价,这是庄家的优势。同时如此大量的筹码也造成了庄家最后很难一次性出货,这是庄家的劣势之一。散户投资者在进行交易时,卖出股票是轻而易举的事,因为散户交易者所卖出的股票数量在整个股票的交易量中连九牛一毛都算不上。但是庄家持有的大量筹码,就造成了在整个坐庄的环节中的一个关键点。

因为只有将股票卖出,账面的盈利才能实现最终的利润。庄家如果一次性将大量股票全部卖出,那么瞬间股价就会造成急速下跌,原有的账面利润马上就可能变成亏损。因此庄家在出货时必须要悄无声息,不能让散户投资者予以发觉,这才是庄家在整个坐庄流程中最难的环节。

如图1.47所示的为三友化工的日线图。尽管图中椭圆形区域不是整个行情的最高点,但这是庄家分批出货的点位。只有这样,庄家才能将手中的股票在股价下跌前分批卖出,而不引起市场中散户的注意。

图1.47 三友化工日线图

1.4 了解庄家的动向

庄家在坐庄时要计算有多少投资者在跟进,要了解散户的交易心态。同样,散户在跟庄的过程中也一定要了解庄家的动向,做到知己知彼百战不殆。只有真正了解庄家的真正动向才能掌握他的真正意图,识别他在坐庄过程中的具体环节和流程。

1.4.1 庄家的建仓成本

庄家在坐庄过程中同样也会产生一定的成本,同时他所获得的最后利润,也是要扣除这部分成本的。因此投资者如果能及时了解庄家的坐庄成本,那么在未来拉升的过程中,就可以知道庄家的拉升是否结束。因为如果拉升到某一个价位时,这个上涨空间还不足以弥补庄家的建仓成本,那么就说明庄家建仓的拉升远没有结束,投资者可以继续持有股票,等待庄家进一步推高股价。

一般来说,要想计算庄家的建仓成本,最有效的方式便是通过换手率来计算。

$$换手率=成交量/流通盘\times 100\%$$

公式中的换手率是指从庄家开始建仓一直到庄家拉升股价这段时间内的股票转手买卖的频率,因为股票在被庄家拉升前一直是庄家建仓的过程。因此,如何判断庄家开始建仓是很重要的,它直接关系到计算庄家成本是否准确。一般通过周线图来分析庄家是否建仓是比较准确的,如果周线图的均线系统从空头排列转向多头排列,则表明有可能庄家已经开始介入。而趋势指标中的MACD如果形成金叉,则可以视为庄家已经开始建仓。

如图1.48所示的为威孚高科的日线图。图中在椭圆形区域内,均线有空头排列转为走平,因此可以认定是庄家介入建仓的开始。等到庄家开始大幅拉升后,建仓工作就结束了。

无论是短线庄家、中线庄家,还是长线庄家,所拥有的股票数量一般均在20%以上,否则是不能控制股票价格走势的。如果庄家的筹码在20%~40%之间,则一般可以控制股价的走势,但是拉升难度较高,未来的涨幅也比较有限,属于中短线庄家常有的市场规模。

而长线庄家的持仓量一般在40%~60%之间,甚至更多,如此规模的筹码一般可以达到对股价的绝对控制,所以拉升股价的阻力就会很小,上涨的空间就会巨大。因此,庄家拉升股票的幅度与庄家的持仓量有着密切的关系。

图1.48 威孚高科日线图

一般来说，股价在上涨时，庄家所占的成交量在30%左右；而股价在下跌时，庄家的成交量仅占20%左右。而且正常的情况下在股市中，股价上涨时成交量会有放大的迹象，而在下跌时成交量也会逐步缩小。如果假定放大的成交量与缩小的成交量之比等于2∶1，再假设股价在上涨时的换手率为200%，而在下跌时换手率为100%。那么庄家在整个这段时间内的持仓量就是40%（即200%×30%-100%×20%=40%）。

如果从周线图中MACD形成金叉开始计算，一直到普通拉升股价时截止。将其间的各种成交量相加便得到了总的周成交总量，然后再用得到的数值除以流通盘乘100%，便得到了总的换手率。而根据前面的推算，300%的换手率是庄家的持仓量在40%，因此如果换手率是在100%，那么庄家的持仓量仅仅是在13.3%。尽管这种计算可能会有一定的误差，但是非常简便实用，可以快速地了解到庄家的持仓量。

如果总换手率在200%左右时，一般表示庄家会加快吸筹速度，未来不久将要开始拉升之路。因此，此时是散户跟庄的最好时机，既可以避免庄家过长的建仓时间，又可以在不久后获得较大的收益。如果总换手率已经达到300%，则表明庄家的建仓已经接近尾声，拉升之路已经开启。

庄家建仓的总成本，可以通过庄家在建仓过程中的区间上限和区间下限相加除以2来得出庄家的平均成本。虽然方法非常简单，但是十分有效，误差也不是很大。

如图1.49所示的为威孚高科的周线图。图中椭圆形区域基本是庄家加仓的位置。因为MACD给出了金叉的信号，同时均线系统也出现了走平的态势。根据这个区域的中位价值，庄家的成本大概在4元左右。

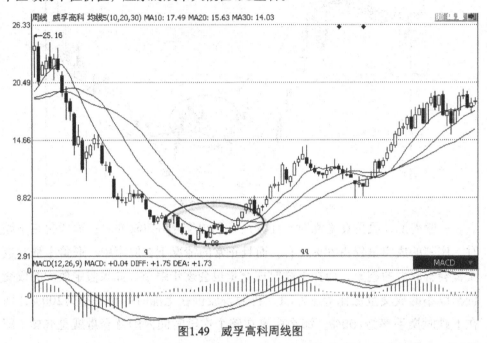

图1.49　威孚高科周线图

1.4.2　庄家的持仓量

庄家的持仓量是散户在跟庄过程中必须要关注的一个数据，当然散户能够了解庄家大致的持仓量便足够了。下面介绍一种常用的方法来计算持仓量。

将某只个股一定周期内的换手率减去同期大盘的换手率得到一个数值a，a乘以个股流通盘b得到数值c，将c分别除以2和3，得到两个数值，则庄家的持仓量就在这两个数值之间。

例如，某只股票流通盘为5000万股，换手率为24%，而大盘此时的换手率为14%。则

5000万股×（24%-14%）=500万股

500万股/2=250万股

500万股/3=166.7万股

庄家的持仓量就在166.7万～250万股之间。

1.4.3 庄家的利润率

庄家在操作过程中必然要获得可观的利润才会出场，如果能及时洞察到庄家现有的利润率，便可以及时地判断庄家是否准备开始出货、跟庄的散户是否应该及时出场。一般来说一只股票上涨100%，也就是股价翻了一倍，庄家的利润率在30%~40%之间。

因为在整个坐庄过程中，庄家的各方面成本是非常高的。大量资金所耗费的利息、人员开支等各方面的成本，都迫使庄家必须拉升足够的空间才能获得一定的利润。尽管有的庄家可能在资金来源方面或者其他方面具有一定的优势，成本可能略有降低，但是总的利润情况是相近的。

因此散户在跟庄过程中如果掌握了这个规律，对比庄家的成本，那么庄家是否盈利以及盈利大小就一目了然了。

如图1.50所示的为珠海中富周线图。图中的椭圆形区域便是一个阶段性的头部。在没有后面的趋势之前，连续多个交易周的徘徊震荡，股民必定会犹豫。但是如果仔细观察就可以发现，此时庄家拉升的幅度不大，产生的净利润也不多，此时仅仅是庄家洗盘的一个过程，不会是出货。因此散户跟庄家可以继续持有股票，等待上涨。

图1.50　珠海中富周线图

第2章 4步揭秘庄家坐庄

在股市中,形形色色的各类庄家不计其数,他们所选择的股票不尽相同,坐庄风格也是大不一样。但是一般来说,所有庄家的坐庄流程分为建仓、震仓、拉升、出货。投资者必须了解庄家坐庄的整体流程,才能及时分辨出目前行情属于庄家坐庄的哪个环节,交易者是否可以跟进买入。只有做到心中有数,在跟庄过程中才能不被庄家采用的种种手段所迷惑。

2.1 坐庄第1步——建仓

建仓是坐庄过程中的第1步，也是坐庄的起始点。当庄家选定某只股票时，开始积极购入股票、吸纳筹码；等到具有足够多的持有量时，坐庄中的建仓过程即将结束。但是庄家也不是随意就开始进行建仓流程的，是要在相应的形势下才会开始进行坐庄活动，完成建仓任务。下面介绍一些常见的建仓时机。

2.1.1 散户的利空消息，庄家的建仓时机

【庄家意图】

在股市中经常会出现一些利空的消息，这些消息有可能是上市公司发布的一些不利于股价走势的消息，也可能是国家宏观调控和相关部门发布的一些利空措施和政策。当这些利空消息出现时，往往会造成股价大幅度的下跌，散户交易者往往会产生恐慌心理及时抛出手中的股票，结果又一次打压了股价。但正是在这种利空的环境下，庄家往往选择开始建仓。这时候吸纳筹码、买入股票对于庄家来说是可以节约大量资金成本，因为散户交易者大量的抛盘出现，正好可以方便庄家进行建仓活动，短期内就可以完成建仓的任务。

【个股分析】

如图2.1所示的为紫金矿业日线图，该股一直处于横盘状态。而在8月初，市场中一直流传着公司的负面消息，如紫金矿业的污水渗漏消息等。但是这个利空的消息却反而给坐庄者一个建仓的机会。正是在这个时候，庄家利用了散户不敢买入股票的心理，轻松地吸够了筹码，为后期的快速拉升做了准备。

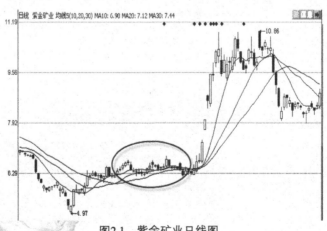

图2.1 紫金矿业日线图

2.1.2 下跌建仓的周线图

【庄家意图】

如果在没有任何利空或者利多的消息下,庄家往往会在普遍下跌的过程中分批买入股票进行建仓。尽管没有利空消息的配合,但是假设股价过度的下跌,股民往往认为股价已经处于极低的价位,因此庄家在此时吸纳筹码,所付出的资金成本也是较小的。并且此时吸纳筹码一般来说不会遗留下明显的迹象,散户交易者很难发现庄家的行为。

【个股分析】

如图2.2所示的为威孚高科的周线图。图中椭圆形区域显示股价处于下跌的行情中,已经接近了市场的底部,此时MACD指标出现了金叉,说明庄家已经开始建仓了。

图2.2 威孚高科周线图

如图2.3所示的为柳工周线图。图中的椭圆形区域尽管不是股价的最低点,但是已经处于极度的下跌之中了。庄家在此时吸纳筹码不仅成本较低,而且还不会引起散户的注意。如果跟庄者注意到MACD指标的金叉,就应该对建仓行为有所警觉。

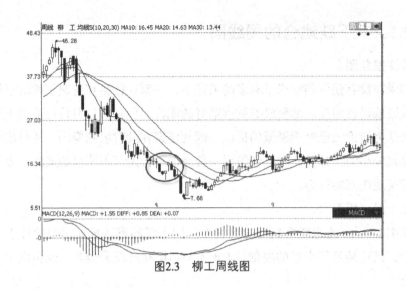

图2.3 柳工周线图

2.1.3 下跌建仓的月线图

【庄家意图】

一般来说，在下跌过程中，庄家的建仓是逐步完成的，并不是一次大量买入股票，而是分多次少量吸纳筹码，逐渐完成建仓过程。因此，此时成交量上不会出现极度放量的现象，随着股价的继续下跌和散户抛盘减少，成交量反而会出现低迷萎缩的迹象。

【个股分析】

如图2.4所示的为徐工机械月线图。图中椭圆形区域是庄家在下跌过程中的建仓过程，此时的成交量依然是萎靡不振的。

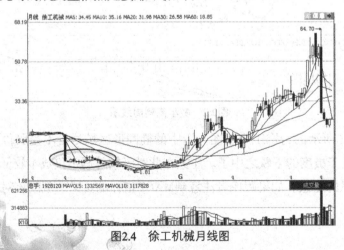

图2.4 徐工机械月线图

2.1.4 下跌建仓的分时图

【庄家意图】

在分时图上,在股价下跌的过程中庄家开始隐蔽地建仓。此时如果散户交易者仔细观察就会发现,往往会出现一些较大数量的卖单,这些卖单甚至以千手、万手的形式出现,但这些卖单绝大部分都不会成交,而只是以挂单的形式出现。等待股价继续下跌之后,这些卖单就会以另外一个价位继续出现,这仅仅是蒙蔽散户交易者的一个手段,意味着行情似乎还会继续下跌,有大量的卖盘出现。但实际上盘面中出现的几十手小额的买单,才是真正意义上的成交数量。这些买单是庄家在逐步建仓的一个明显特征。

【个股分析】

分时图中常常出现小幅的下跌趋势来配合庄家的建仓行为,如图2.5所示的为龙净环保分时图。从图中可以看到,股价是小幅下挫的。说明有人开始介入市场了,因此才能减缓下跌的行情。

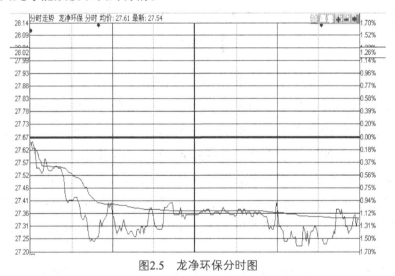

图2.5　龙净环保分时图

在技术指标中,各条均线一般会出现空头排列的形态,无论是短期均线、中期均线,还是长期均线,一般都会处于向下运行的态势,表明后市还有很强的跌势。但是庄家往往在这种环境下,开始了建仓的活动。一般来说,由于受到庄家少量买入股价的影响,股价往往会减小下跌的趋势,会在短期均线的压制下运行,但是不会大幅度地偏离短期均线。但是一旦建仓工作完成时,股价往往会最先突破短期均线而向上拉升。

如图2.6所示的为柳工周线图。图中椭圆形区域是庄家开始建仓的时机，此时股价始终在五日均线以下运行，但是并没有大规模的偏离均线，等到箭头指向的位置时，庄家完成了建仓工作，开始向上拉升，股价也是向上穿越了短期均线，而且均线也逐渐开始向上发散。

图2.6　柳工周线图

在K线走势图中，庄家在隐蔽建仓的过程中也会留下一些细小的痕迹。一般情况下，此时在K线走势图中有小阴线、小阴星、小阳线、小阳星相互交错出现的走势。因为尽管股价依然处于下跌的趋势，但是由于庄家已经开始介入，买入股票，下跌的趋势必然有所减缓，因此一般不会出现大阴线。同时又由于庄家买入股票是分批进行的，而且每次买入的数量不多，因此不会出现大幅拉升的现象，大阳线的K线形态也同样不会出现。因此更多出现的是小阳线、小阴线交错出现的形态。

如图2.7所示的为威孚高科周线图。从图中可以看到椭圆形区域内的K线实体是非常小的，而且是阴阳夹杂出现的。庄家正是在这个掩护下开始了建仓的工作。

当庄家的建仓工作接近结束时，也同时意味着下跌制约即将结束，这时分时走势图中会出现相应的变化。如果散户投资者及时发现这些细小的特征，就可以了解到庄家的动向，此时跟庄者买入股票是最佳时机。这样既避免了等待庄家漫长的建仓过程，又及时抓到了市场的底部。

图2.7 威孚高科周线图

一般来说，当庄家建仓工作即将结束时，分时走势图中的股价会出现逐步攀升的走势，震荡的幅度越来越小，甚至整个交易日的股价波动范围也不大，但是整体呈现上行的态势。如图2.8所示的为新希望分时图。从图中可以看到，在建仓结束的交易日内股价波动范围很窄，基本在当日平均价附近震荡，而且总体趋势是略向上的。

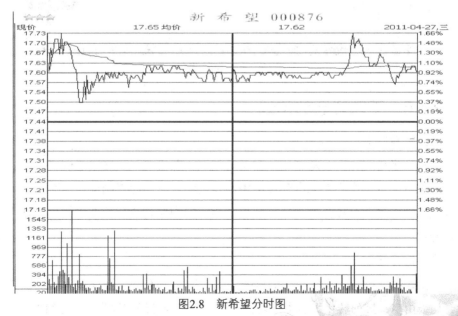

图2.8 新希望分时图

2.1.5 下跌建仓的成交量

【庄家意图】

在成交量方面,当庄家建仓工作即将结束时成交量会明显地萎缩。因为此时绝大部分的筹码都已经被庄家吸纳在自己的手中。因此买卖股票的数量自然会出现减少的现象。

【个股分析】

如图2.9所示的为新希望日线图。图中在股价下跌的末期庄家开始进入市场,但是直至建仓结束,成交量依然保持萎缩低迷的状态。

图2.9 新希望日线图

2.1.6 下跌建仓的均线

【庄家意图】

在移动平均线方面,随着庄家建仓的结束,股价的下跌之路也即将结束。因此,原来有的空头排列形态也随着多条均线逐渐走平而即将结束。此时短期均线会首先出现走平甚至掉头的迹象。其次,相应的中期均线和长期均线也逐渐产生这种变化。

【个股分析】

如图2.10所示的为威孚高科周线图。从图中可以看到,当庄家完成底部建仓后,均线由空头排列转化为多头排列,而且短期均线是最先掉头向上运行的。

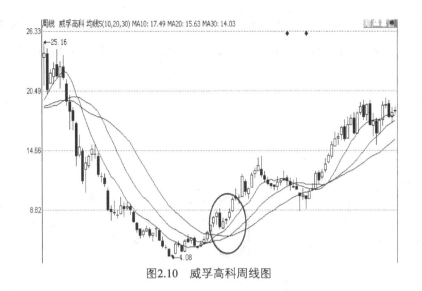

图2.10 威孚高科周线图

2.1.7 下跌建仓的K线组合形态

【庄家意图】

在K线方面，当庄家完成建仓工作时，一些经典的K线组合会出现。例如锤子线、启明星形态等，都是常见的建仓结束。当然有时出现一只大阳线，而且此时伴随的成交量却非常小。这意味着庄家已经控制了整个局面，完成了吸筹的工作。

【个股分析】

如图2.11所示的为柳工周线图。从图中可以看到，在建仓结束后，K线出现了早晨之星形态，这在K线分析中十分重要，股价止跌回升的预测意义很强。

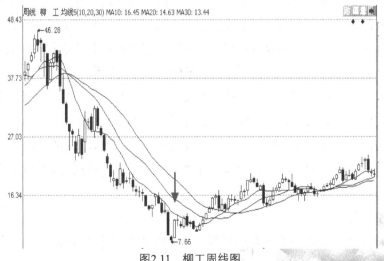

图2.11 柳工周线图

第2章 4步揭秘庄家坐庄 45

如图2.12所示的为三一重工小时图。从图中可以看到，在庄家建仓的末期出现了一个看涨吞没形态，结束了之前漫长的建仓过程，开启了未来的拉升之路。

图2.12 三一重工小时图

2.1.8 盘整过程建仓

【庄家意图】

股价位于上涨的趋势时往往不是直线上升，而是要在某一价位出现长时间的盘整状态。从表面上看，似乎这是多空双方激烈交战的现象，但实际上庄家在此时会神秘地进场建仓。因为对于散户来说，长时间股价不能上涨，仅仅在一个很短的期间内上下震荡，是很浪费资金成本的，很多不能忍受这种时间煎熬的交易者，往往会抛出手中的股票，而选择其他的股票进行投资。

散户们争先抛售的股票，会被庄家完全地吸纳在自己手中。因此在盘整震荡的过程中吸纳筹码所花费的代价是极其有限的。如果盘整的时间越长，经不住时间折磨的散户也就越多，散户的抛盘也因此会大增，那么庄家吸纳的筹码也就越多，未来拉升股价的空间也就越大，选择留守继续跟庄的投资者未来的收益也就越大。

【个股分析】

如图2.13所示的为紫金矿业日线图，图中椭圆形区域内是一个长达一月有余的盘整行情，庄家正是在这个时间内完成了建仓的过程。从图2.13中可以看到，当建仓结束后，庄家的拉升速度是很快的。这说明庄家在建仓过程中吸纳了足够多的筹码。

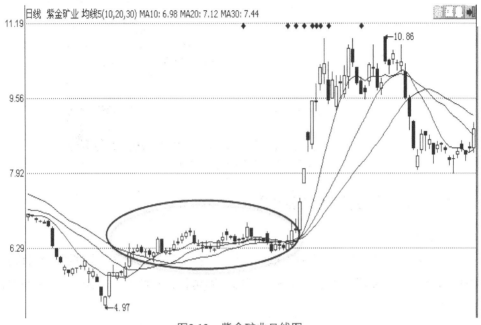

图2.13　紫金矿业日线图

2.1.9　盘整建仓成交量

【庄家意图】

在横盘过程中，庄家的建仓活动是非常隐秘的。因此在成交量上不会出现明显放大的迹象，否则庄家的建仓活动就会暴露给众多的散户。这当然是庄家所不能容忍的。因此，仅从成交量上来看，成交量与之前基本会保持一致，甚至还有逐渐缩小的迹象。

【个股分析】

如图2.14所示的为徐工机械月线图。图中椭圆形区域内，股价始终处于盘整的行情。而且盘整时间长达几年，在这个时间内成交量是萎靡不振的，整体股市都是比较低迷的。尽管偶尔会出现增大的迹象，但是瞬间又再次缩小。因此为了不引起注意，庄家在这个阶段成交量在盘面上的特点就是低迷的、极小的。

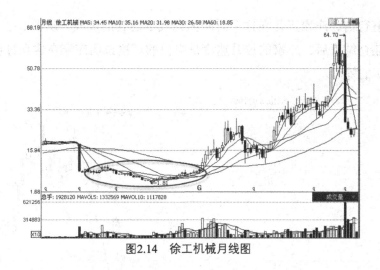

图2.14 徐工机械月线图

2.1.10 盘整建仓的均线

【庄家意图】

在移动平均线系统上，短期均线往往处于长期黏连的状态，这是因为股价在长期内保持横盘整理的状态。庄家吸筹的时间越长，盘整的周期越长，均线黏合的程度也就越高。

【个股分析】

如图2.15所示的为大成股份周线图。图中在上涨过程的盘整时期，庄家在吸纳更多的廉价筹码，而此时的多条均线都出现了缠绕黏合的现象。如果盘整的周期越长，均线的这种特征也就越明显。

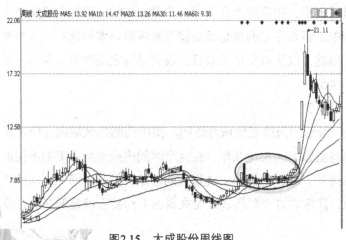

图2.15 大成股份周线图

如图2.16所示的为粤高速A月线图。从图中可以看到，股价在市场底部附近盘整了一两年之久，均线几乎全部黏合在一起。等待庄家开始拉升后，均线在开始向上发散。

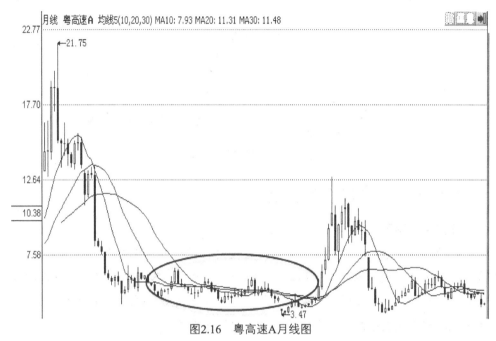

图2.16　粤高速A月线图

2.1.11　盘整建仓的K线

【庄家意图】

在庄家建仓的这个时期，K线图常常给出小阳线和小阴线交错出现的图形。而且这些K线绝大部分都具有上下影线，因为庄家要避免股价的过分拉升，因此大阳线基本不会出现。庄家要保证股价在一个区间内上下震动，阴线和阳线就要相互夹杂出现。此时从K线走势图来分析，双方力量几乎均等，但实际上庄家正是在这个走势背后完成了建仓的过程。

【个股分析】

如图2.17所示的为中科英华月线图。从图中可以看到，股价在市场底部长期盘整，K线实体非常小，甚至还有多根K线出现了十字线的形态，而庄家在此时正在悄无声息地吸纳筹码，进行建仓活动。等待建仓结束后，股价一飞冲天直达32.00元的高位。

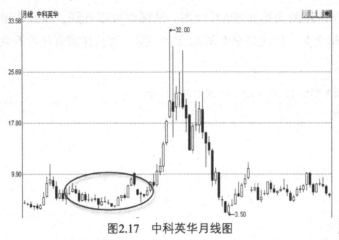

图2.17　中科英华月线图

2.1.12　盘整建仓的分时图

【庄家意图】

在分时走势图上，此时间内常常会有较大的买单和卖单同时出现，但是总的成交量却很少。因为这些买单和卖单基本上不会成交，发出的大额买单和卖单仅仅是迷惑散户的一种手段。庄家要在此时完成建仓状态，因此不可能会让大量的买单和卖单大幅度推高或压低股价，造成股价的剧烈波动。

【个股分析】

如图2.18所示的为长航油运分时图。从图中可以看到，买盘和卖盘的盘口都有大量的挂单，但是这些单子几乎没有成交，而股价仅仅在一个十分狭窄的区域内波动。大额的挂单只是迷惑散户的手段而已。

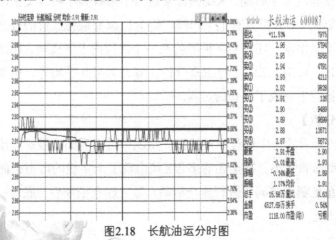

图2.18　长航油运分时图

2.1.13 盘整建仓后期的盘面

【庄家意图】

在此阶段，如果庄家完成建仓工作开始拉升，常常会给出一只大阳线，而且伴随着放量的现象。这是表明股价已经突破了这个盘整区域，之后将开启拉升之路。因此仅仅从K线图中就可以得到股价突破盘整，即将上行的结论。

【个股分析】

如图2.19所示的为武钢股份月线图。从图中可以看到，股价在底部盘整了数月之久，在庄家完成建仓后出现了一根大阳线，而且成交量也伴随着股价的拉高而出现放量的迹象。这就是庄家完成建仓的特征，是跟庄者进场的信号。

图2.19 武钢股份月线图

在均线系统中，随着庄家建仓工作的结束，原有的均线黏连状态也会逐渐变成向上发散的态势。这说明原有的盘整行情即将终结，随着庄家的拉升之路，股价即将上行。

如图2.20所示的为民生银行日线图。股价在市场的底部出线了明显的盘整行情，均线从之前的空头排列也转变成了相互黏合，但是随着庄家建仓的结束，股价得到了拉升，走出了盘整的区间，此时均线也开始向上分散，逐步向多头排列转换。

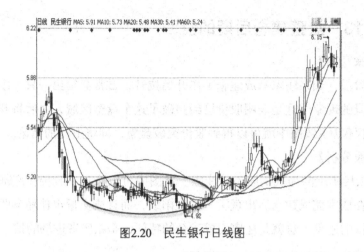

图2.20 民生银行日线图

2.1.14 股价被打压,庄家在建仓

【庄家意图】

在股市交易中,大部分投资者是选择技术分析来进行买卖交易。因此庄家往往会破坏技术图形,造成散户投资者通过技术分析得出后期走势即将下跌的结论,迫使散户交易者卖出股票,庄家完成吸筹建仓的过程。也就是说,庄家会利用现有的一些筹码来打压价格,从而造成投资者的恐慌,让散户投资者认为后期股价将要下跌,从而卖出股票,庄家完成建仓过程。

【个股分析】

如图2.21所示的为西部建设日线图。从图中可以看到,在市场底部庄家多次打压股价,使得股价几次下穿短期均线,造成股价依然将要下跌的假象。但是当有更多的散户忍痛割肉后,庄家便以较低廉的价格买进这些筹码,完成了加仓工作。

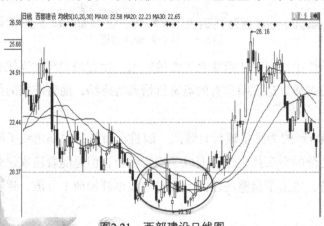

图2.21 西部建设日线图

如图2.22所示的为中信证券日线图。从图中可以看到，股价在接近市场的底部出现了一个双重底的形态，但是第二天出现一个大幅跳空，从技术上分析可以得出双重底失败的结论。而且低开低走的局面意味着后市依然延续下跌的行情。而庄家正是需要这种判断，希望更多的散户割肉出场，庄家好以更低的价格买进散户的抛盘，进行建仓。

图2.22　中信证券日线图

2.1.15　打压股价建仓的成交量

【庄家意图】

一般来说，采用这种方式进行建仓对股民是非常不利的，因为散户很难分清行情是真正要下跌还是庄家在故意打压。但是有一个特征还是可以帮助散户来做出正确判断。一般而言，在股价下跌的过程中成交量不会出现放大的迹象，而K线图可能会给出大根的阴线。这种快速下跌往往是庄家故意打压造成的，大根阴线的实体只是为了吓跑更多的散户。

【个股分析】

如图2.23所示的为西藏药业日线图。从图中可以看到，在股价下降的末期，一连几个交易日都出现了大根的阴线，但是成交量却没有明显的变化，总体依然很小。因此，这种快速下跌的行情完全是庄家一手策划的，目的就是让更多的散户出场，将廉价的筹码转移到庄家手中。

图2.23 西藏药业日线图

2.1.16 股价开始拉升,庄家建仓并未结束

【庄家意图】

当股价开始被庄家向上拉升时,有的庄家还会继续建仓,因为上涨之路并不是一帆风顺的,没有永远直线向上的上涨,中间必定会出现短暂的回调。而一些意志不坚定的散户投资者或者跟庄者往往会在这些回调的时候卖出手中的股票,而他卖出的这些股票正是庄家继续建仓吸纳股票的对象,因为在拉升过程中继续建仓吸纳筹码,对庄家来说是降低坐庄成本的一种有效手段。

【个股分析】

如图2.24所示的为民生银行日线图。从图中可以看到,在庄家拉升股价的过程中出现了几次回调。而一定有一部分风险承受能力不强的投资者在此时卖出股票,他们往往宁愿获得较小的利润,也不愿意承担潜在的亏损。而他们卖出的股票会被庄家全部接纳,庄家为继续推升股价吸纳了更多的筹码。

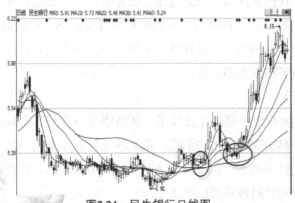

图2.24 民生银行日线图

一般来说，庄家会拉出一根比较长的阳K线，迫使一些意志不坚定的跟庄者认为股价已经很高，庄家可能会出货，而过早地卖出手中的股票。

如图2.25所示的为浙江东方日线图。从图中可以看到，在庄家拉升股价的途中拉出了一根大阳线，此时已经距离市场底部有了不小的涨幅。一部分散户交易者会认为此时利润已经不菲，可以出场了。此后第二个交易日走出阴线，又会使得一部分人认为庄家在拉出大阳线后开始出货，于是纷纷离场。但是他们卖出的股票全部进入到了庄家手中，等到无人再卖出时，庄家拉升的势头会更猛烈。因此跟庄者在看到大阳线后可以不必惊慌，继续持有股票，收入会更高。

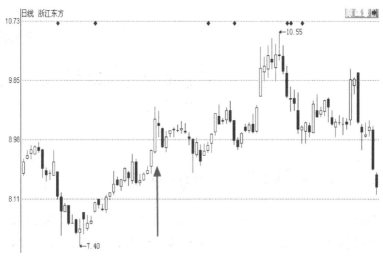

图2.25　浙江东方日线图

2.1.17　拉升股价建仓的成交量

【庄家意图】

庄家继续吸纳筹码的拉升过程中，成交量不会明显地放大，但是会有持续放大的迹象。这说明庄家的建仓和拉升过程还没有结束，后期的拉升之路还将继续，跟庄者完全没有必要过早的卖出股票。

【个股分析】

如图2.26所示的为中色股份日线图。从图中可以看到，在庄家拉升股价的过程中，成交量始终是稳步增长的，这说明有一部分跟风买入的多头。但是当股价下调时成交量没有突然增大，而是稍稍有所减少，这说明没有大量的卖盘抛出，庄家依然在持有股票。投资者完全可以继续持有。

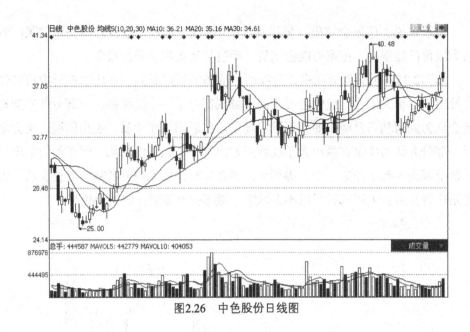

图2.26 中色股份日线图

2.2 坐庄第2步——震仓

庄家在建仓完毕后通常会有一个震仓的过程。所谓震仓又称洗盘,是指庄家通过在拉升过程中打压股价,使一些胆小的、意志不坚定的投资者卖掉手中的股票,从而减少跟庄者的数量。

2.2.1 为什么要震仓

庄家通过震仓操作一般可以获得两方面的好处。

第一,在震仓的过程中,会有许多的散户交易者或者一些意志不坚定的跟庄者卖出手中的股票,这样庄家就可以避免有更多的投资者跟自己分利润,可以使大部分利润归庄家自己独有。

第二,在散户卖出股票的同时,庄家可以以很低的价格吸纳散户的这些抛盘,使庄家拥有的筹码更多,获取的收益更大,这也是庄家降低平均持有成本的一种常见方式。

因此,不论做哪只股票的庄家,在整个坐庄流程中都会出现震仓的步骤,而且有时还不止震仓一次,而是在拉升的过程中长期出现或者反复出现震仓的手段。直至庄家认为将大量的散户清除出去，才可能会快速拉升。

2.2.2 违反技术分析图表规则的震仓

庄家在震仓的方式上可以有很多选择，其中最常见的就是通过违反技术分析图表的走势规则来进行震仓。因为在众多的分析方法中，最常用的还是技术分析方法。也就是更多的交易者选择通过价格走势图的判断来买卖股票，而庄家经常会通过一些手段破坏技术分析图表的走势，让投资者产生股票将要下跌的判断，进而相继卖出股票，而实际上这仅仅是庄家的一种手法而已，而并非股市真正下跌。

【庄家意图】

技术分析方法包括很多具体的分析方法，例如有均线的各种形态、K线的各种形态、各种指标的使用方法等，而庄家常常也正是利用这些投资者所常用的分析工具来蒙蔽投资者。也就是说，庄家常常通过操纵股价，使得走势图中形成一种看跌的信号，散户交易者根据原有的分析理论，自然会得出股市即将下跌的信号。那么跟庄者必然会卖出股票，这时庄家震仓手段的目的就达到了。

【个股分析】

如图2.27所示的为中科英华日线图。在拉升股价的图中，K线图走出了一个上吊线的变体。根据K线理论，上吊线的反转力是很强的，也就是说后期股价将要结束原有的上涨走势。而且此上吊线是阴线，之前的K线走出了一根长长的上影线，证明了空头的压力。根据K线理论，不少散户交易者此时会选择获利了结。而庄家就是通过K线图的走势达到了震仓的目的，使得有一部分跟庄者提前出场。

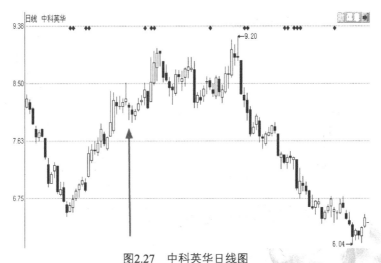

图2.27 中科英华日线图

如图2.28所示的为中色股份日线图。图中箭头指向的K线向下穿越了短期均线，而根据均线的交易理论，这是行情将要向下反转的迹象。后一日股价依然下跌，但是幅度不大。尽管如此，也会有不少的跟庄者卖出股票。但是此后庄家在此拉升股票，仅仅通过几天的震仓，就甩掉了相当一部分免费搭乘顺风车的散户。

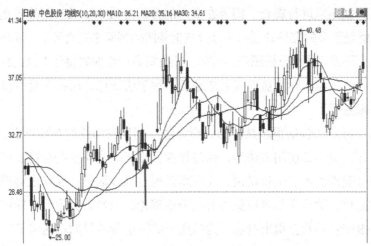

图2.28　中色股份日线图

如图2.29所示的为民生银行日线图。从图中可以看到，股价是长期盘整在一个窄小的区间内的。但是当股价向下突破了这个盘整区间内的最下方后，并没有按照技术分析的理论向下大幅运行，而是出现了向上拉升的迹象。其实，这就是庄家利用部分散户交易者根据图形做交易的习惯，故意向下打压股价来欺骗散户。

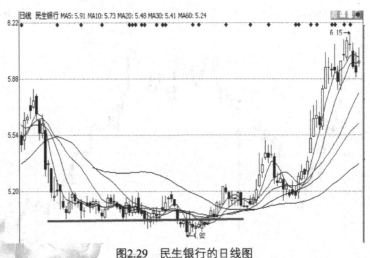

图2.29　民生银行的日线图

2.2.3 震仓的技术图表特征

【庄家意图】

既然技术走势中的一些看跌信号有可能是庄家刻意做出来的，因此就需要散户投资者擦亮眼睛，正确识别哪些信号是真实的看跌信号，而哪些信号是庄家的一种蒙蔽手段。其实在庄家采用这种手段来进行震仓时，盘面会出现各种各样的指示。

例如，均线系统一般会处于多头排列的形态，至少也会出现走平的现象。但是在庄家进行震仓之时，短期均线一般会有向下运行的态势，而其他均线一般仍处于向上的多头排列状态。

【个股分析】

如图2.30所示的为西藏药业日线图。当庄家开始拉升股价后，均线给出了多头排列形态，这也说明了庄家的拉升是比较快的。当庄家故意打压股价进行震仓时，短期均线略微出现了向下的迹象，而长期均线和中期均线依然保持原有的向上运行态势。因此，跟庄者完全可以由此得出这是庄家在震仓的结论，继续持有股票，不必理会庄家的这一操作。

图2.30 西藏药业日线图

在分时图上，股价常常会出现快速冲高，然后回落的态势。也就是说，在股价达到一定高度之后，由于庄家的打压，股价会呈现快速直线下跌的局面。此时一些意志不坚定的跟庄者往往会卖出股票。

如图2.31所示的为南京医药的分时图。从图中可以看到，股价在开盘后不久快速冲高，此后在日均线的压制下徘徊一段时间，继而出现了大幅跳水的走势。这无疑是给交易者一种心理压力，使交易者感觉到空头的猛烈势头，实际上这都是庄家精心策划所致。跟庄者完全不必理会，继续持有股票是最佳的选择。

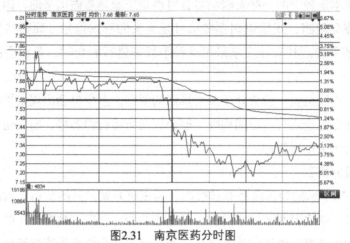

图2.31　南京医药分时图

在成交量方面，庄家在震仓之前会采取温和放量来配合股价上涨的情况。而当庄家开始震仓时，成交量会比之前的成交量有一个明显放大的过程。这说明在震仓过程中，大多的散户交易者开始卖出了股票，而庄家利用此次震仓已经完成了吸纳筹码的步骤。

如图2.32所示的为苏宁电器的日线图。从图中可以看到股价在庄家震仓的阶段，出现了小幅的回调。尽管下降的空间不大，但是伴随着大量的成交量。说明已有不少的散户出场，庄家又控制了大量的筹码。散户如果能够及时看到如此巨大的成交量，基本上是可以看出庄家在震仓。

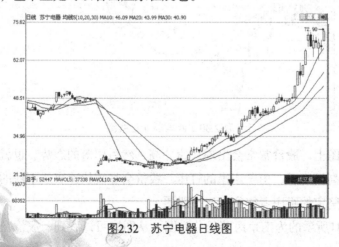

图2.32　苏宁电器日线图

在K线图中，经常是在一根大阳线的后面出现庄家的震仓情况。因为一只实体较大的阳线出现后，投资者往往又对股价是否能够继续上涨疑虑，有部分投资者往往会认为股价已经有了较大的涨幅，如果第二天出现一根阴线，哪怕阴线实体较小，投资者往往也会卖出手中的股票，进行获利了结。因此这也是庄家震仓的常用手段，迫使交易者在心理的压力下放弃继续持股。

如图2.33所示的为中色股份日线图。从图中可以看到在一根光头光脚阳线出现后，结束了原有的一次震仓。但是一些交易者认为股价不会继续上涨，后几个交易日的阴线尽管实体不大，但是会迫使更多的交易者离场。其实此时正是跟庄者继续买入股票的时机。此时的阴线是庄家又一次震仓行为。

图2.33　中色股份日线图

2.3　坐庄第3步——拉升

拉升是坐庄环节的其中之一，它是直接关系到庄家最终获利空间大小的重要环节。如果拉升的幅度较大，那么未来庄家获利的区间也越大；反之如果拉升的空间有限，则庄家的收益也就越小。

2.3.1　庄家为什么要拉升

【庄家意图】

对于多数庄家来说，坐庄的目的归根结底是要盈利，只有有了较大的价格涨幅后才有可能产生巨大的经济利润。因此庄家在建仓完成后，必然会将股价快速地拉升，促使价格区间增大，才有可能在后期的出货阶段将账面上的利润拿到手。

庄家在真正拉升时，持续的时间非常短，拉升的速度很快。因为庄家使用的大量资金也会占据大笔利息，这也是庄家的成本之一。长时间的拉升必定要增加庄家的投入成本。

而且，缓慢的拉升股价往往会使散户识别庄家的意图，导致庄家最终坐庄惨败。如果散户没有在庄家拉升之前买入股票，那么短短的几天之内庄家就已经将股价拉升至高点，此时散户如果没有能正确识别庄家拉升已经结束，在高点买入股票，实际上庄家已经准备出货。散户或者跟庄者的风险是非常大的，有可能买在了市场的顶部获得最高点。

【个股分析】

如图2.34所示的为西部建设日线图。从图中可以看到庄家在建仓结束后，进行了快速拉升，短短几个交易日内股价就上涨了近一半。因此，成功跟庄的交易者此时一定有了不菲的收益，而新进场的散户恐怕就面临着高额的亏损了。

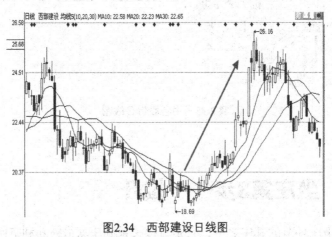

图2.34　西部建设日线图

2.3.2　庄家拉升的周期

【庄家意图】

不同类型的庄家拉升的时间也不尽相同，短线庄家可能拉升仅仅在几个交易日左右，而中线庄家可能在两周到一个月之间，而长线庄家可能选择有两三个月左右的拉升时间。尽管拉升的时间不尽相同，但是在整个坐庄的流程中所占的时间都是极其短暂的，而且每次拉升不是单一出现的，而是与震仓交替出现。

【个股分析】

如图2.35所示的为联环药业日线图。从图中可以看到，股价在14.91元附近徘徊短短几日，便被庄家快速拉升到21.98元附近。此后股价开始下跌，因为庄家已经离场。短线庄家一般都是在如此短的时间内完成坐庄的流程，因此跟庄者就不能抱有长期持股的心态。

图2.35　联环药业日线图

如图2.36所示的为民生银行日线图。图中庄家拉升的时间明显要长于图2.35的实例。但是与在底部建仓的时间相比，依然是很短暂的。而且为了通过长时间拉升来带动一些跟庄者，庄家多次进行了震仓。

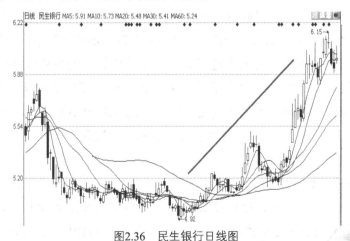

图2.36　民生银行日线图

如图2.37所示的为武钢股份月线图。图中股价拉升的时间并不短暂，长达一年左右，可能是长线庄家所为。但是与之前漫长的建仓时间相比，肯定是小巫见大巫了。

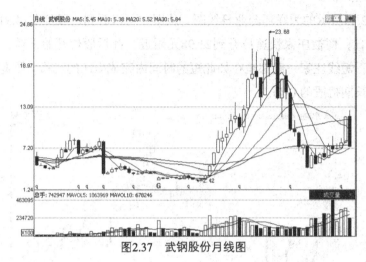

图2.37　武钢股份月线图

2.3.3　庄家拉升的幅度

庄家拉升的幅度直接关系到庄家是否能够赢利以及盈利大小。而散户在跟庄过程中对庄家拉升的幅度也是必须要了解的，因为很多的跟庄者都是在庄家拉升初期就卖出了手中的股票，从而丧失了大部分利润。而有的投资者常常在高位才意识到庄家开始拉升，而进场过晚造成巨额的损失，或者长期被市场套牢。

【庄家意图】

实际上，庄家拉升的幅度也会受到种种因素的制约。比如说，庄家的资金量就在很大程度上会影响拉升的幅度。因为如果庄家的资金量小，必然会持有较少的仓位，在推升股价的过程中势必会有一定的难度，因此往往在拉升较小的幅度后获得了较小的利润就已经出场了，这也是短线庄家常有的行为。但一般来说短线庄家获利点在30%左右上涨幅度，当股价达到这个区域，庄家会有一个选择是否继续拉升股价，而且此时通常会有一次明显的洗盘。打压幅度一般在5%左右，但有时也可达到10%。

【个股分析】

如图2.38所示的为中色股份日线图。从图中可以看到，股价从25.00元附近开始拉升，当有了近10%的涨幅后，达到了庄家的第一目标价位。此时出现了一个回调的震仓过程。

图2.38 中色股份日线图

震仓后,如果庄家认为大势行情依然看好,有继续拉升获利的空间,那么庄家有可能选择继续拉升,这时拉升的距离通常为50%的涨幅空间。当股价再次到达这个目标价位后,庄家有可能再次采取一个明显的震仓行为,将更多的跟庄者清除出场。

如图2.39所示的为中色股份日线图。从图中可以看到,经过了一次回调后,庄家选择继续拉升股价。当股价达到了近一半的涨幅后,出现了一个明显的震仓行为。此次震仓无论是从持续时间上还是从打压幅度上,都明显超过了上次。这是因为此次庄家拉升的幅度较大,要清除出去更多的散户,为下一次拉升做准备。

图2.39 中色股份日线图

如果行情依然看好,即使是短线庄家也会临时改变策略继续在震仓后拉升,但是一般情况下这也是庄家的最后一次拉升了,庄家一般会在70%~100%的涨幅之间逐渐出货。当然在这个过程中也势必会有反复的震仓行为。

如图2.40所示的为中色股份日线图。当价格达到40.48元，庄家基本上已经开始出货，行情也更加震荡，这是为迷惑交易者继续追涨。而如果散户此时追涨，恐怕就落入了庄家的圈套了。

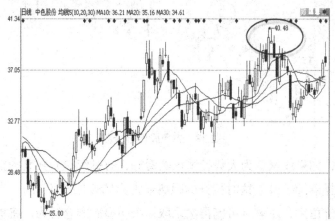

图2.40　中色股份日线图

长线庄家和中线庄家一般首选的目标就是50%的涨幅空间，而第二目标价位大概在80%左右。因此，散户或者跟庄者应该密切注视30%、50%，80%左右的震荡幅度或者空间，因为各类庄家几乎都会在此时出场的。

如图2.41所示的为如意集团日线图。从图中可以看到，庄家从7.14元开始拉升股价，每次震仓都是在股价上涨幅度达到50%和80%左右进行的。因此，只要跟庄者在这些点位给予一定的关注，是很容易发现庄家的洗盘行为。

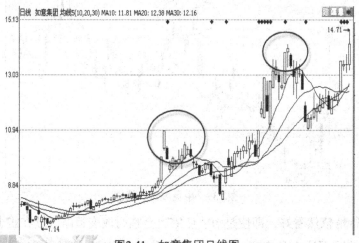

图2.41　如意集团日线图

2.4 坐庄的最后一步——出货

出货是整个坐庄过程的最后一步，也是至关重要的一步，直接关系到坐庄的成败。因为即使庄家把股价拉得过高，出货环节出现了纰漏，同样可能导致满盘皆输。出货就是庄家要卖出手中的大部分或者全部筹码，从而兑现利润。

2.4.1 庄家出货的优势和劣势

庄家要想实现利润，必须要将手中的大部分筹码或者全部筹码抛出，而这正是庄家的劣势所在。因为尽管大部分筹码在坐庄开始时可以推高股价、控制股价的走势，但是这也成为庄家出货时的一个重大包袱。因为庄家如果想要卖出手中的股票，必须要有散户买入才能实现交易。如果仅仅是庄家在卖出而无人买入，这是无法完成的交易。

庄家必须要让投资者确信后期股价还会上涨，才会有更多的散户跟庄者在高价位买入股票。因此庄家必须采用各种手段来欺骗或者蒙蔽交易者对未来走势的判断，而庄家手中的筹码很多，所需要蒙蔽的散户数量也众多，才有可能完全接住庄家自己的卖盘。否则，如果没人完成接力活动，庄家手中的全部筹码就会砸在自己的手中，导致最终坐庄失败，这也是庄家巨额亏损的一个常见原因。

例如在金融风暴袭击股市时股市大跌，这是一个突然出现的利空消息，之前谁也无法预料，当然庄家在操盘的前期也是无法预测的。因此当时没有提前卖出股票的庄家，在股市大跌时开始出货，是没有人接盘的，最终导致了多个庄家巨额亏损，甚至负债累累。

尽管庄家在出货过程中有一定的难度，但是庄家在出货时也有自己的优势。因为庄家所持有的仓位很重，不一定要全部卖出手中的股票才有可能赢利，有时仅仅卖出仓位的一半就已经获得了可观的收益。

而且庄家在整个的股价拉升过程中占有绝对优势地位，股价可以达到什么价位，何时到达高点，在没有突发因素的影响下，都是由庄家一手操纵的。因此在没有任何突发情况下，庄家出货是很容易的。而且一般情况下庄家是在拉升的过程中已经逐步分批出货，在距离股价顶部相当长的一段时间内，庄家肯定会未雨绸缪，提前出货。

2.4.2 庄家出货时的价位选择

【庄家意图】

庄家出货一般可以选择在顶部出货和中上部出货两种方式。在顶部出货，也就是说，庄家在快速拉升股价至最高点附近，开始一次性或者多次分批出货，但是每次出货的价位都接近最高点。这种情况下，对跟庄者来说是比较有利的，只要跟庄者及时发现庄家的出货行为，是完全可以也在此时进行出货，从而在很大程度上可以避免深度的套牢。

【个股分析】

如图2.42所示的为联环药业日线图。庄家经过短暂的拉升有了一定涨幅，此时庄家开始在顶部出货。因为庄家的筹码过多，不可能一次性完全卖出，因此采用多次分批卖出的方式，而相应的股价在顶部多日徘徊不前。跟庄者看到连续多日的顶部徘徊，就应该意识到风险的存在。卖出手中的股票，将利润抓到手。

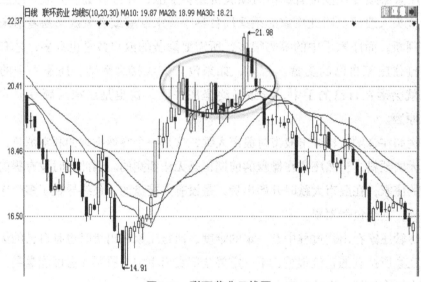

图2.42　联环药业日线图

中高部出货是指庄家的出货价位并没有选择在市场的顶部，而是选择在股价整个上涨的中上部。例如，15元的价格可能是庄家理想的出货点。而庄家可能先将股价拉升至18元左右，而在18点的价位庄家可以卖出一部分股票，从而使股价下跌。一些跟庄者往往会认为庄家会继续拉升，此次的下跌仅仅是故意打压，因此在此时买入股票的跟庄者，实际上是在接庄家的筹码。而庄家经过几次反复的操作，价格可以被打压至15元的理想价位，而庄家在此时已经基本出货完毕。

如图2.43所示的为飞亚达A的日线图，图中椭圆形区域庄家开始出货。尽管此时不是最高点，但是大量的筹码要求庄家不能选择在最高点出货。其实，在此时出货庄家已经有了很大的利润，当股价从最高点回调到出货价附近时，庄家已经出货完毕。追涨的散户一定是被套在了市场的顶部。

图2.43　飞亚达A日线图

第3章　庄家建仓，散户如何搭乘顺风车

　　庄家在建仓时，跟庄者需要进行的操作仅仅是寻找那些庄家已经开始建仓，并且建仓即将结束的股票。如果能正确识别开始建仓，跟庄者此时买入股票，未来就可以搭乘庄家快速拉升股价获取收益这一免费顺风车。但是散户如何能够练就一双火眼金睛，快速查找庄家建仓的个股呢？这就需要全面了解一些庄家建仓的知识。

3.1 庄家建仓前的准备工作

与普通散户买股票不同，庄家在建仓前有一系列的准备筹划工作，这都是为整个坐庄过程服务，因此，普通散户应该学习庄家的这一理念，尽量避免盲目地、感性地购买股票。例如，某些股民常常是听人介绍或者听电视评论的推荐来买卖股票，都不是自己独立分析，因此是属于感性交易，这种交易的风险是非常大的，可以说是将决定权掌握在他人手中。

3.1.1 资金的准备工作

庄家在建仓前最重要的准备工作是要保证有周期较长的自由资金，而且数量又十分充裕，资金所需支付的利息等各种成本要很低。因为这些资金正是未来庄家吸纳筹码拉升股价的重要工具，而且在未来坐庄的过程中出现的各种意外风险、各种不利消息都需要原始的资金来进行化解。

初始能够获得的自由资金数量也直接影响着未来庄家获利的大小，初始资金较小，势必会减少持有股票的数量，那么在庄家坐庄过程中势必会有一定的难度和阻力，在化解意外风险过程中也往往会因资金不足而产生较大的损失，未来的拉升空间和所获得的收益也相对较小。

一般来说，长线庄家因为坐庄的时间周期较长，因此所获得的初始资金是更多的，大量的资金可以源源不断地提供给庄家进行坐庄活动。

3.1.2 人员的配置

在整个坐庄流程中，一个人是不可能独立完成的，势必需要各个部门的人员来分工合作，因此庄家通常会有一批专业的人员来运作。根据不同的要求和工作内容，庄家会选择相关的人员。例如有些高级人员专门研究个股所在行业的特点，有的研究员专门针对散户的跟庄情况进行分析，而有的人员专门做一些宣传工作。因此不同的人员组合在一起形成一个强大的团队，与市场上成千上万的散户作对垒。

而真正的计划，只有庄家中最核心的少数几个人知道全部的方案。因此，在股市中某些散户经常说通过某种方式知道了一些内幕消息，这都是毫无根据的。如果庄家将最核心的操作方案泄露出来，那么庄家成千上万亿的资金就会付之东流。散户所知道的一些内幕消息往往是庄家放出来的一些烟雾弹。因此跟庄者切莫盲目轻信这些谣言,被庄家诱导从而上当受骗。

3.1.3 其他项目的准备

除了资金和人员的提前筹备外,庄家还有很多具体的环节需要提前处理。其中最重要的便是设立多个账户,因为如果一个账户出现大量的交易,势必会让国家相关机构发现,不利于庄家操纵股市。因此为了增加隐蔽性,庄家往往同时开立多个资金账户,账户相互之间买卖股票,这样不仅不易被发觉,还可能造成股票交易活跃的假象。

3.2 庄家建仓前的选股

和普通交易者买入股票一样,在买进股票之前,庄家也会在成千上万的股票中选取能够炒作的股票。因为庄家一旦介入某只股票后,便会投入数以万计的资金,因此在选股上势必会比散户更加谨慎,考虑的因素也会更多。散户或者跟庄者如果能够识别庄家选股的规律,势必可以提高查找有庄家介入股票的准确率。

3.2.1 庄家根据资金规模选择股票

【庄家意图】

不同的庄家根据自身资金量的大小,选择的股票不尽相同。一般资金量较小的庄家,往往选择小盘股,也就是说选择流通股份数额较小的公司股票。因为流通股份额少就意味着该股容易操纵,庄家有限的资金完全可以获得控股的权利。而如果是购买大盘股,则因为整体的份额较多,庄家所购买的股票数量也仅仅是杯水车薪,完全达不到控盘的目的。

【个股分析】

如图3.1所示的为海得控制周线图。从图中可以看到,庄家大幅拉升股价,短短数月股价就增长了2倍多。从图3.2中可以看到,海得控制发行量为2800万股,属于小盘股。庄家在拉升此类股票时,不需要太多的资金。一般小型的庄家和短线庄家都喜欢选取这类股票。

图3.1 海得控制周线图

网上发行日期	2007-11-05	上市日期	2007-11-16
发行方式	网下向询价对象配售和网上定价发行相结合	每股面值(元)	1.00
发行量(万股)	2800.00	每股发行价(元)	12.900
发行费用(万元)	1967.56	发行总市值(万元)	36120.00
募集资金净额(万元)	34152.44	上市首日开盘价(元)	25.00
上市首日收盘价(元)	23.78	上市首日换手率(%)	72.71
上网定价中签率	0.0617	二级市场配售中签率	-
发行当年净利润预测(万元)	-	发行当年实际净利润(万元)	5201.7168
每股摊薄市盈率	29.9800	每股加权市盈率	-
主承销商	平安证券有限责任公司		
上市推荐人	平安证券有限责任公司		

图3.2 海得控制个股信息

而资金比较雄厚的庄家，通常会选择大盘股来进行坐庄。尽管大盘股所耗费的资金较大，但是未来的上涨空间也是巨大的。

如图3.3所示的为中信证券的个股信息，它的发行量多达40000万股，属于大盘股。庄家选择拉升这样的大盘股需要动用大量的资金，但是获利空间也是巨大的。如图3.4所示的为中信证券月线图。

网上发行日期	2002-12-17	上市日期	2003-01-06
发行方式	上网定价发行和向二级市场投资者定价配售	每股面值(元)	1.00
发行量(万股)	40000.00	每股发行价(元)	4.500
发行费用(万元)	4032.66	发行总市值(万元)	180000.00
募集资金净额(万元)	175967.34	上市首日开盘价(元)	5.53
上市首日收盘价(元)	5.01	上市首日换手率(%)	48.57
上网定价中签率	0.2820	二级市场配售中签率	0.2820
发行当年净利润预测(万元)	-	发行当年实际净利润(万元)	-
每股摊薄市盈率	15.0000	每股加权市盈率	-
主承销商	广发证券股份有限公司		
上市推荐人	广发证券股份有限公司		

图3.3 中信证券个股信息

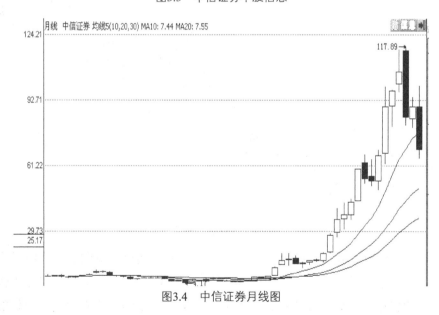

图3.4 中信证券月线图

3.2.2 庄家根据公司业绩和经营领域选择股票

【庄家意图】

除了根据自身的资金条件外，庄家还会根据个股的公司业绩和经营领域来进行选择。有的庄家热衷于选择绩优股来坐庄。所谓绩优股也就是个股所在的公司业绩比较突出，一般净资产收益率都在10%以上。绩优股的特点是股票行情整体处于熊市的状态下，绩优股却能减缓下跌的速度，甚至处于横盘震荡的趋势之中。但是当股价处于上涨的牛市时，它的上涨幅度也比较慢，一般不会出现大涨大跌的情况。因此跟庄者跟进买入此类股票，一般来说风险较小，是很容易获利的。但是获得的收益可能不是暴利。

【个股分析】

如图3.5所示的为青岛海尔周线图。青岛海尔是家电行业的佼佼者，公司业绩一直处于稳步增长状态。从图3.5中也可以看到，庄家选择了这只绩优股进行了长时间的拉升。

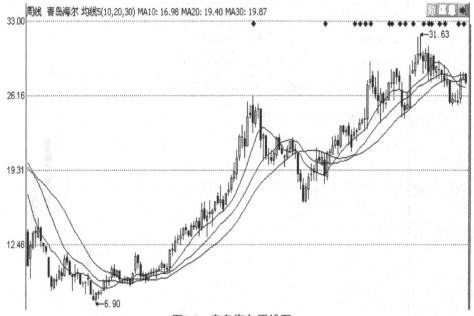

图3.5　青岛海尔周线图

除了绩优股以外，成长性股票也是庄家偏爱的选择。所谓成长性股票是指公司经营处于发展阶段，有一定的增长潜力。此类股票的特点是涨势比较缓慢，因此持续的时间可能会很长。投资者必须要有足够的耐心才能获得较好的收益。

如图3.6所示的为格力电器的日线图。格力电器可以算是一只成长型股票。从图中可以看到，它的上涨幅度是比较缓慢的，涨势也是非常有限。

图3.6 格力电器日线图

题材股也是经常选择坐庄的股票，所谓题材股就是经常被炒作的股票。某件事突然出现后，往往会影响某种产品的热销，当然也就会影响此产品公司的股票。而庄家往往利用一些题材大做文章，因此散户应该保持清醒的头脑，注意分辨哪些是真正的利好消息，哪些是庄家故意散布的。

如图3.7所示的为鲁抗医药日线图。庄家利用蜱虫伤人事件这一热点进行了炒作。整个医药行业都出现了不小的涨幅。从图3.7中可以看到，鲁抗医药甚至出现了跳空涨停。

图3.7 鲁抗医药日线图

第3章 庄家建仓，散户如何搭乘顺风车

如图3.8所示的为同仁堂日线图。尽管同仁堂与蜱虫关系不大，但是因为也属于医药股，因此在9月10日同样出现了涨停的行情。

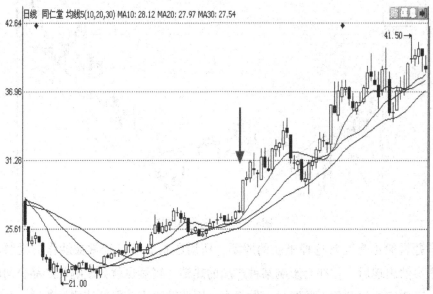

图3.8　同仁堂日线图

如图3.9所示的为华阳科技日线图。华阳科技是经营农药产品的企业，因此在整个蜱虫伤人的事件中必定会受到热捧。从图3.9中也可以看到，股价一连走出了多个涨停板。

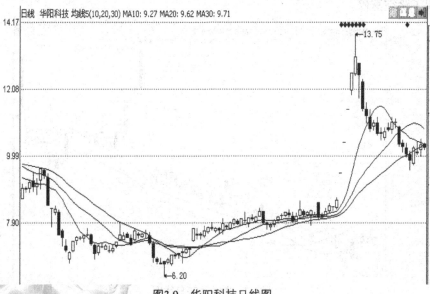

图3.9　华阳科技日线图

3.2.3 庄家根据市场行情选择股票

【庄家意图】

当股价处于大幅下跌之后,庄家有可能会选择一些过度下跌的股票进行坐庄。一般来说,如果股价的跌幅大于50%时,就往往进入了庄家的视野范围。

【个股分析】

如图3.10所示的为鞍钢股份周线图。从图中可以看到,股价从19.30元附近开始跌落,直至6.50元。跌幅已经超过了50%。此时股价已经在底部多日徘徊,这正是庄家建仓的时机,此时建仓花费的成本是很低的。

图3.10 鞍钢股份周线图

一些热门股票也经常用于坐庄,由于它们的价格波动会带动整个指数的上涨或下跌,因而往往是庄家坐庄的首选。

如图3.11所示的为深发展A周线图。深发展这只股票在股市中可以说是无人不知,而且庄家通过拉升这只股票,同时带动指数的上涨。因为此股票在编制指数时占的比重是较大的。

一些冷门股票在市场上几乎无人问津,波动范围也较小,甚至连续几个交易日都没有大幅度波动。但这往往是庄家偏爱的对象,因为庄家介入此类股票就可以获得绝对的控制权,一旦将股票大幅拉升,便会吸引到更多的投资者进场。因此对于此类股票进行坐庄是非常容易获利的。

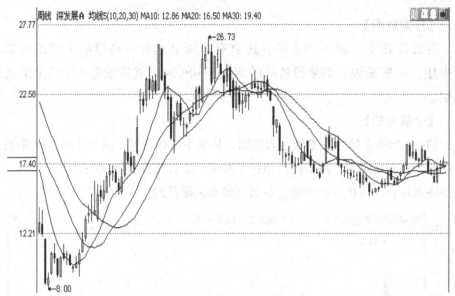

图3.11 深发展A周线图

如图3.12所示的为岷江水电周线图。因为前些年该公司的亏损，股价一路下滑，几乎没有交易者愿意碰这只股票。但是庄家却在悄悄地吸纳筹码。这时庄家建仓可以说是没有任何竞争对手，阻力几乎不存在。只等庄家吸筹完毕，股价便会开始拉升。

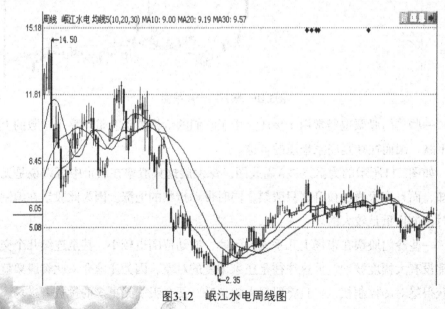

图3.12 岷江水电周线图

3.3 庄家建仓的常用手法

尽管在坐庄的第一步都是建仓,但是在各种环境下由于各方面条件的制约,以及庄家的习惯做法不同,建仓的手法也不尽相同。投资者应该了解常见的一些建仓手段和方法,从而在跟庄的过程中做到心中有数。

3.3.1 缓慢拉升中建仓

【庄家意图】

这种建仓模式是庄家没有在最低点开始建仓,而是在股价有了一段上涨的空间后才开始建仓。尽管此时庄家的建仓成本可能有了一定的提高,但是同样建仓的风险也相对较低,因为此时市场的底部已经出现。但是此时建仓,庄家也面临着一定的难度,股民不会主动地卖出股票。采用这种方式建仓的庄家,往往会同时伴有小幅的震仓活动,也就是连续1~2日的窄幅拉升后,再进行了一两次的打压,使得股价处于一个下跌的状态。这样逼迫胆小的交易者卖出股票,庄家完成建仓活动。

【个股分析】

如图3.13所示的为同仁堂日线图。股价从21.00元开始上升,庄家开始逐步地建仓。但是此时一个明显的底部出现了,散户也知道行情要翻转,因此没人主动卖出手中的股票,而且还会有不少新进的散户入场。庄家为此采用了震仓的手段,在吸筹的同时多次向下小幅地打压股价,尽量让一部分交易者出场。

图3.13 同仁堂日线图

如图3.14所示的为如意集团日线图，在这个图上震仓的过程更为明显。因为种种原因，庄家错过了在市场底部进场的时机，在缓慢拉升的时候进场就意味着要与众多的散户竞争，因此庄家猛烈地向下打压，迫使一些意志不坚定的散户竞争对手出局。

图3.14 如意集团日线图

3.3.2 横盘过程中建仓

【庄家意图】

在股市行情中，一般股价跌至底部后不是马上翻转，而是有一段时间的盘整，然后才能完成价格的上涨过程。在市场底部的盘整期间，正是庄家建仓的绝佳机会。因为没有卖出股票的散户此时已经深度套牢，而股价又长期不能上扬，始终处于盘整状态中，对于已被套牢的投资者来说实际上是一种深度的煎熬，因此会有大多数交易者开始卖出股票，而手中没有的散户此时未见到有明显的信号，也不会轻易地买入股票。因此，这就为庄家创造了一个绝佳的建仓时机，可以说市场上廉价的筹码都是为庄家服务的。

此时K线图中经常出现横盘或者小幅波浪形态，而庄家建仓的过程一般持续数月之久。在漫长的时间内，庄家需要尽可能多地吸收筹码，为以后拉升股价扫清障碍，同时在此时吸纳筹码也比之后在上升途中再吸纳筹码要低很多的成本。

【个股分析】

如图3.15所示的为民生银行日线图。股价在急速下跌后，在一个市场低位长时间徘徊，庄家在此时处于建仓状态。此时建仓的时间越长，庄家吸纳的筹码也就越多，后市的拉升幅度就越大。散户在此时要做的是沉住气，耐心等待庄家建仓结束。

图3.15　民生银行日线图

如图3.16所示的为中科英华月线图。股价在市场底部盘整了将近一年左右，而且波动幅度很窄，K线实体非常小，K线几乎处于一条水平线上。但正是整个漫长的盘整过程才造就了后市32.00元的高价。

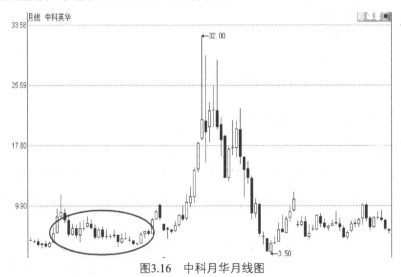

图3.16　中科月华月线图

除了在市场的底部出现横盘可以建仓外，在上涨的过程中也可以出现一段时间的横盘，这时庄家可以第二次建仓。因为在上涨的中途出现横盘，势必会有许多散户交易者卖出手中的股票，进行获利了结。这些筹码完全被转移到庄家手中。同时没有买入股票的散户投资者此时看到横盘，认为后市的走势不明朗，所以也不敢贸然进场。因此，此时庄家继续吸纳筹码进行建仓是为继续大幅推升股价做进一步准备的。

如图3.17所示的为浙江东方日线图。从图中可以看到，股价在上涨的中途出现了一个盘整的行情。此时必定会有一部分散户出场，而此时庄家吸纳了出场者的筹码，为后市继续推升增添动力。

图3.17　浙江东方日线图

3.3.3　缓慢下跌时建仓

【庄家意图】

当股价下跌到市场底部时，即使没有庄家的介入，一些小型投资者的介入也会促使价格向上进行反弹。当然庄家也不会错失良机，此时买入少量的股票，这也势必会促进价格向上运行。

此时庄家并没有抓住市场的最低点，因为庄家并不满足在这一点进行建仓。在股价上行到某一点位置，庄家会停止买入，这样势必会影响股票的上涨速度。不仅如此，庄家还会将之前买入的少量股票全部抛出，会引发股票的进一步下跌。散户交易者往往形成恐慌，看到如此规模巨大的卖单出现，通常会认为此次股价上涨是一次短暂的反弹并且即将结束，大量卖盘可能是股票即将加速下跌，因此纷纷抛出之前的股票兑现利润。而此时卖出的股票，正是庄家所希望拥有的廉价筹码，庄家在此点位进行建仓比之前建仓的成本要低很多，这也正是庄家所期望的。

【个股分析】

如图3.18所示的为广州浪奇日线图。从图中可以看到，股价在上涨过程中波动的幅度很大，每次都出现了一定程度的下跌，庄家正是利用下跌逼迫散户将筹码卖给庄家。

图3.18　广州浪奇日线图

3.3.4　跳空高开时建仓

【庄家意图】

在跳空高开时建仓这种方式并不十分常见，它常常是由一个突发因素引发的。在跳空高开之前，庄家有可能已经进入建仓活动，但是建仓活动没有完全结束，吸纳的筹码也不是足够多。此时庄家正按部就班地继续进行建仓活动时，突然出现的一种利好消息，可能使股价急速上涨，甚至出现跳空高开的局面，则散户交易者会跟风买入。

此时庄家会害怕散户识别他的意图，同时也担心建仓的成本过高，往往将之前买入的股票大幅抛出。因此在高开后就会出现下跌的走势，此时追高买入的投资者往往形成恐慌，认为之前根据跳空高开做出的买入决策是错误的，庄家出现的大量卖单使交易者开始兑现已有的利润，这样做正合庄家心意，他开始继续吸纳股票。

【个股分析】

如图3.19所示的为亚星化学日线图。从图中可以看出，股价在上涨过程中，有一天突然跳空高开，而且曾经大幅拉升，但是在收盘时出现了阴线的走势，留下了长长的上影线。从K线分析和其他技术分析来说，这都是做空的迹象，于是交易者会争先恐后地抛售股票，这样给庄家又一次建仓的机会。

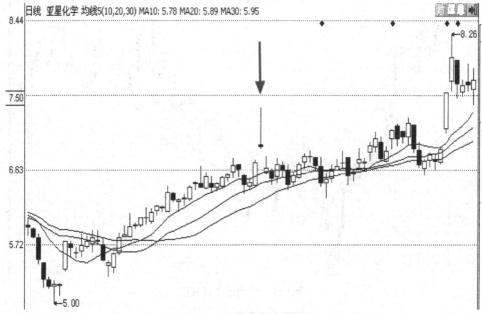

图3.19　亚星化学日线图

如图3.20所示的为民和股份日线图。股价从19.50元上行不久，便出现了一根大阳线，几乎是一根光头光脚阳线，表明了多头的势力强劲。第二天突然跳空高开，这会促使相当数量的散户入场追涨。但是当天的走势会让入场的交易者触目惊心，股价在跳空高开后没有上涨的迹象，而是走出了一个大阴线形态。此时，会有相当一部分入场者后悔进场而忍痛割肉，这就为庄家继续建仓提供了方便。

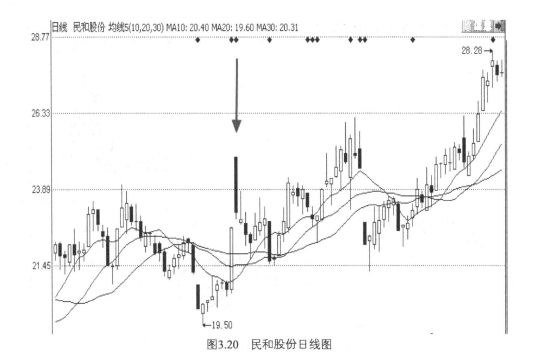

图3.20 民和股份日线图

3.3.5 向上拉升时建仓

【庄家意图】

向上拉升时建仓是指庄家在拉升过程中又一次开始建仓活动。这一般是庄家认为未来的走势依然较好，股价上涨的空间非常大，而在拉升的中途逢低继续吸纳股票。此后行情一般依然会有较大幅度的拉升，而且基本不出现回调的迹象。虽然这样建仓成本是很高的，但是未来的收益也是巨大的。建仓过程中很少有散户愿意在高位买入股票，因此受到的阻力是较小的。

【个股分析】

如图3.21所示的为东方通信的日线图。从图中可以看到，股价从4.40元附近上扬，涨势比较缓慢。当股价在一个阶段性顶部出现回调后，散户及跟庄者常会认为庄家无力继续拉升，自己已经有了一定的利润空间，从而抛售股票。此时庄家将散户抛出的筹码全部纳入自己手中，此后的拉升几乎是直线型的，之前卖出的散户股民丧失了真正的大波利润。

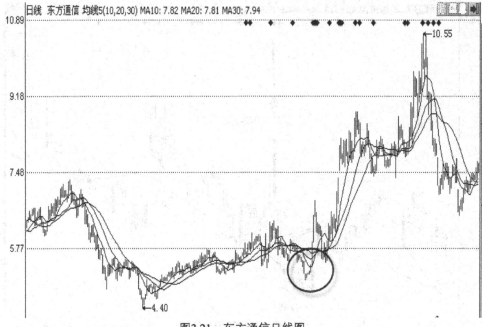

图3.21 东方通信日线图

3.3.6 向下打压时建仓

【庄家意图】

采用这种方式建仓一般来说对散户是非常不利的,它是指股价在上升过程中出现了一定程度的大幅下跌,在下跌过程中必然会有投资者信心不坚定而卖出股票,这就为庄家以低价吸纳筹码获得了一定的条件。一般来说庄家在打压时幅度是非常大的,普通的散户很难识别股价真正出现了下跌还是庄家故意打压,因此不可避免地会出现不同程度的恐惧心理,进而卖出股票,这就给庄家创造了低成本购进大量筹码的条件,完成建仓的操作。

【个股分析】

如图3.22所示的为闽东电力日线图。从图中可以看到,股价在上涨的中间出现了一次回调。而且此次回调的幅度很深,几乎达到了整个上涨行情的1/3。这是庄家的打压所致,目的是让散户以为股价到顶而卖出股票。庄家在此时继续吸筹,此后股价直线上扬,日线图中的陡峭程度可以说明股价远远超过了之前的上涨行情。

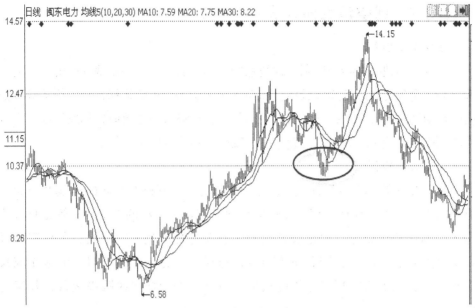

图3.22 闽东电力日线图

如图3.23所示的为ST皇台日线图。从图中可以看到,股价在上涨一段过程后出现了深度回调,而且出现了一个双重底的回调形态。这样散户卖出的筹码被庄家拾起,后期又进行了一次大规模的拉升。

图3.23 ST皇台日线图

3.3.7 利空消息时建仓

【庄家意图】

此种方案建仓是与一些利空的消息配合进行的。当市场出现利空的消息时，散户股民会争先恐后地卖出股票，而在此之前庄家有可能根据自身的优势条件而提前预知消息的出现，提前卖出手中的股票，这势必会导致股票加速下跌。当价格跌到庄家的理想建仓目标之后，庄家吸纳筹码的时机便来临了。

【个股分析】

如图3.24所示的为万科A日线图。众所周知，万科是著名的房地产企业。但是国家几次出台房地产调控政策对房地产市场是不小的打击。尽管万科企业是大型的房地产企业，但是股价也不可避免地受到政策的影响。散户不再看好房地产企业的股票，于是纷纷抛售，造成了一轮下跌的行情。但是庄家却在利空消息出现后利用了抛售的行情，以极低的价格再次购进股票，并策划建仓。

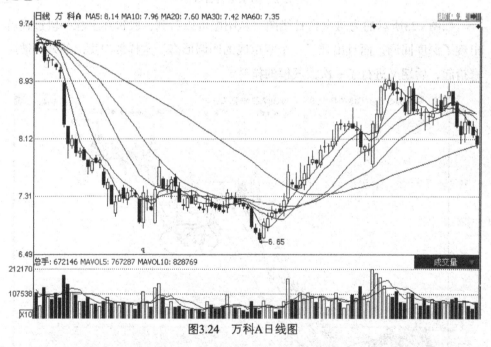

图3.24 万科A日线图

如图3.25所示的为招商地产日线图。从图中可以看到，它和前面的万科走势图有惊人的相似性。因为同属于房地产板块，必然也会受到房地产政策的影响。在股价大幅下挫的行情下，庄家完成了隐蔽建仓的活动。

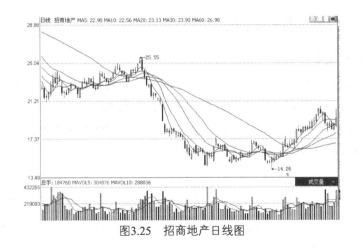

图3.25 招商地产日线图

3.3.8 宽幅震荡建仓

【庄家意图】

宽幅震荡建仓对散户来说也是十分不利的，因为庄家在建仓时往往会使股价产生大幅度的波动，使散户股民瞬间就有较大的收益，但是不久又会变成巨额亏损。因此散户很难判断未来的走势，往往经不住煎熬而卖出手中的股票。而庄家正是利用了股民的这种心理，刻意让股价大起大落，迫使散户卖出手中的筹码，而使股票进入自己的手中，完成建仓的最终操作。

【个股分析】

如图3.26所示的为ST欣龙日线图。当股价被庄家拉升后，在中途出现了较长一段时间的震荡，而且震荡的幅度十分巨大。庄家就是要故意制造恐怖的氛围，迫使更多的散户交易者卖出手中的筹码，从而帮助庄家更好地建仓。

图3.26 ST欣龙日线图

第3章 庄家建仓，散户如何搭乘顺风车

3.3.9 压制股价建仓

【庄家意图】

压制股价进行建仓是指庄家设定一个最高价，也就是说，庄家的目标是在此限价以下进行建仓活动。因此只要股价上涨到此限价附近时，庄家就会以较大的卖单打压股价，使得散户始终无法突破这一界限。即便有更多的散户跟风购买，也不可能推动股价突破这一区域。

【个股分析】

如图3.27所示的为深天地A的日线图。从图中可以看到，股价多次未能穿越9.00元的价位。庄家在此附近埋下了大额的卖单，无论如何散户是无法推动股价继续上行的，庄家却在此价位下逐步吸筹，完成了建仓的活动。

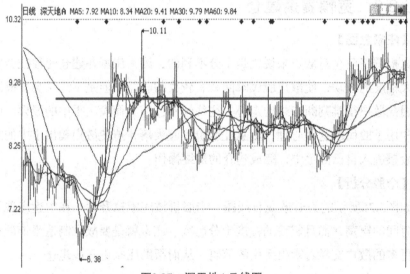

图3.27　深天地A日线图

3.3.10 震盘建仓

【庄家意图】

这种建仓是震仓与建仓相结合的一种方式，一般是在长期建仓的末期出现，此时建仓已经持续很长时间甚至数月之久。当庄家准备拉升股价时，希望将大量的跟庄者剔除掉，会将股价向下打压一次，给散户的感觉是在盘整的过程中，后期的股价可能是向下突破而不是向上突破，因此建仓可能还没有到来，散户已经纷纷卖出手中的股票。庄家正是利用了散户股民的这种心理，逼迫对方出局，减少搭乘顺风车的人。此后股价将会一路上扬，不再出现任何回调，当初卖出股票的投资者往往是后悔不已。

【个股分析】

如图3.28所示的为万科A日线图。从图中可以看到，股价在市场底部经过了一段时间的整理，但是在庄家建仓末期，股价却向下运行。这是因为庄家在建仓的过程中，发现有相当数量的跟庄者，于是向下小幅打压了一下。但是就这个行为足以让散户做出向下突破的判断，从而迫使散户跟庄者出场，庄家也再一次进行了吸筹。

图3.28　万科A日线图

3.4　散户如何寻找正在建仓的个股

对于散户来说，如果能够及时查询到有哪些个股庄家已经开始建仓，并在此时买入股票就可以轻而易举地获得巨大的收益。但是如何才能准确查询到庄家介入的个股是一个十分关键的问题，这就需要散户通过一些特征来寻找。因为不论哪位庄家在建仓时都会不可避免地留下一些痕迹，这就为散户寻找庄家提供了线索。

3.4.1 通过成交量发现庄家建仓

在股市中成交量是一个十分重要的数据，它有时比股价的波动还要重要。而在跟庄的过程中，成交量往往可以使庄家露出马脚。尽管庄家在建仓时会竭尽全力地避免散户发现一些痕迹，但是成交量往往还是能够给散户提供一些细小的信息。

【庄家意图】

正常情况下，股票在下跌的过程中，成交量伴随着价格的下跌也是逐渐萎缩的，而当市场处于底部时，成交量也是处于最低的水平。而如果成交量在此后突然有所增大，而且连续几天都保持在一个相对较大的水平，则说明庄家已经开始建仓，持续增加成交量就标志着庄家开始吸纳筹码。如果K线图中出现了阳线，则建仓的可能性更大。

【个股分析】

如图3.29所示的为武钢股份月线图。从图中可以看到，股价在市场底部徘徊时，成交量一直处于低迷的状态，属于低量级别。但是当庄家完成建仓时，K线给出了一根实体较大的阳线，同时成交量也出现了一个放量的迹象。这就表明建仓已经结束了。此时正是散户跟庄进场的绝好时机，此时进场可以说不用再等待漫长的建仓过程，盈利即将获取。

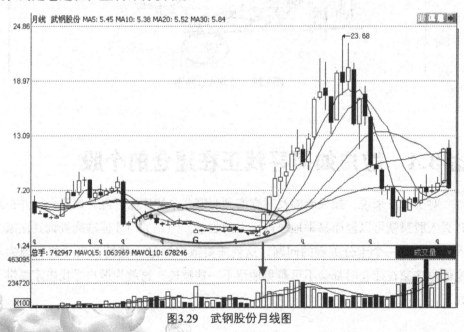

图3.29 武钢股份月线图

如图3.30所示的为天伦置业日线图。从图中可以看到，股价在上涨初期进行了一次盘整。这是庄家的第二次吸筹，在此时成交量依然是十分低迷的。随后几日成交量突然有所增大。据此，跟庄者完全可以做出建仓的判断。

图3.30　天伦置业日线图

3.4.2　通过K线识别庄家建仓

【庄家意图】

盘口所示的信息，通常可以提供给散户来预测庄家的意图。当K线走势图中出现小阳线和小阴线，阴线与阳线交替出现，出现在市场底部附近时，则表明庄家有可能正在吸纳筹码，而交替出现的阳线便是庄家大量吸纳筹码所形成的，阴线则是庄家有意向下打压股票，避免散户识别庄家的意图而刻意制造的。

【个股分析】

如图3.31所示的为平庄能源周线图。图中股价在市场底部不仅成交量低迷，而且K线总是阴线和阳线夹杂出现，每根K线的实体都是比较小的，而且还有十字线出现。

如图3.32所示的为西藏矿业周线图。尽管庄家已经开始拉升股价，但是未开始二次建仓，股价在上涨图中依然出现了盘整行情，此时K线依然出现了一连串的小实体。

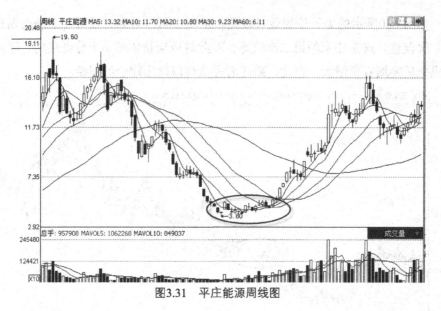

图3.31　平庄能源周线图

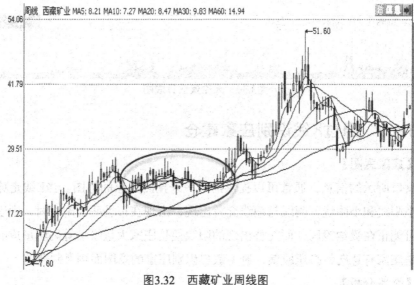

图3.32　西藏矿业周线图

有时较大的阴线也是庄家吸纳股票的标志。因为庄家为了吸纳股票，往往刻意打压股价，甚至一连多日大幅打压股价，在K线图中经常出现一连串的大阴线。而这些往往是在上涨中或者其他一些明明是看涨的信号出现后发出的，这种情况通常不是市场的真实信号，而是庄家刻意使市场走出该形态来逼迫散户投资者出售股票。

如图3.33所示的为西藏发展月线图。在股价处于盘整末期，K线图中出现了一根大阴线。从K线图分析，这是未来向下突破的信号。但这是庄家故意制造的，而并非市场的真实走势。此后股价并没有真正下跌，反而进行了大幅的上涨。

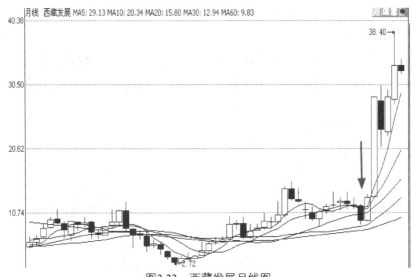

图3.33　西藏发展月线图

如图3.34所示的为北新建材月线图。从图中可以看到，股价在上涨的过程中出现了一根大阴线，走出了一个看跌吞没形态。但这是庄家的刻意行为，后市股价并未出现大规模的下挫。相反，不久股价行情被大幅拉升。

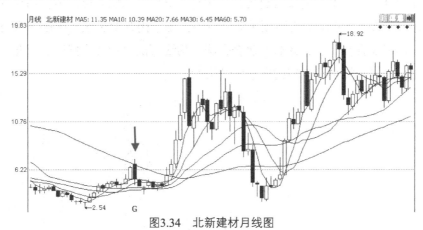

图3.34　北新建材月线图

3.4.3　通过均线识别庄家建仓

【庄家意图】

均线系统也是能够反映庄家的建仓过程，而且它可以很好地指明庄家结束建仓的时间。当庄家开始介入个股吸纳筹码时,均线处于黏连的状态,长期均线、中期均线和短期均线往往缠绕在一起,而当庄家吸筹足够多而准备向上拉升时,均线也往往从黏连状态逐渐向上发散。

【个股分析】

如图3.35所示的为平庄能源周线图。股价在市场底部徘徊时,多条均线黏合在一起,庄家建仓结束后,均线开始向上发散。这也是跟庄者进场的信号。

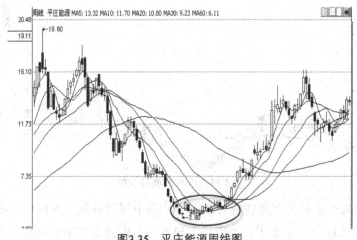

图3.35 平庄能源周线图

在拉升中,如果庄家二次建仓,在建仓完毕后,均线同样也是从黏合状态走向发散。如图3.36所示的为西藏矿业周线图。图中椭圆形区域是庄家二次建仓的过程,均线黏合在一起,此后待建仓完毕,均线再次出现多头排列。因此,跟庄者根据均线的特征是可以识别建仓已结束的。

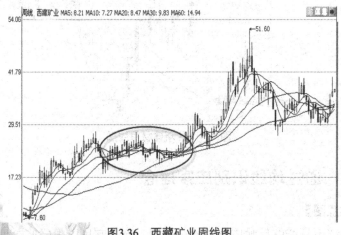

图3.36 西藏矿业周线图

在分时图中,股价在一个区间内波动一段时间后开始向下运行,往往是庄家刻意打压股价,迫使散户投资者卖出股票从而给庄家提供廉价筹码。

如图3.37所示的为国风塑业分时图。股价在开盘当天的均价线附近震荡,此后大幅跳水。这正是庄家故意而为,给散户造成一定的心理压力。此后的几个交易日,股价开始横盘整理,这也是庄家吸筹的标志。

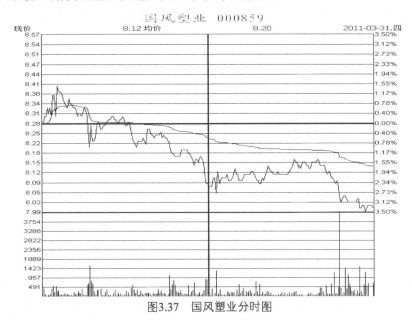

图3.37　国风塑业分时图

3.4.4　通过支撑位识别庄家建仓

【庄家意图】

当股价连续跌破几个重要的支撑位时,常常也是庄家进行建仓操作的时机。一般情况下,庄家采用这种方法首先找到一个较容易突破的支撑位,也就是说,在该位置尽管对股价有一定的支撑作用,但是力量不强,庄家很容易通过一些打压的手段来使价格向下穿越这个区域。

从技术分析上来看,许多散户股民往往认为股价突破了支撑的作用,还会继续向下运行。于是纷纷卖出手中的股票,这无形中又在帮助庄家继续向下打压股价,于是股价轻而易举地继续向下跌破又一个支撑位。此时形成一个恶性循环,会有更多的散户投资者纷纷抛盘。如此反复下去,股价会下跌到庄家认为可以进行建仓的区间,从而完成建仓的操作。此后价格会一路上涨,收复前面连续几日的失地。

【个股分析】

如图3.38所示的为银星能源周线图。从图中可以看到，股价在上涨过程中，庄家曾将股价打压至前一低点以下，尽管下跌的幅度非常有限。运用技术分析方法进行交易的散户投资者非常关注这个点位，他们认为，如果股价到了这个支撑位，上行便无望了。因此，只要小幅度的下穿，便会让大部分散户投资者看空未来。这就是庄家一手策划的。当庄家吸筹完成后，股价自此直线上涨。

图3.38　银星能源周线图

如图3.39所示的为天伦置业日线图。当股价在急速下跌后，出现了一个温和的反弹，此后又一次下跌达到新的低点。这实际上是庄家故意打压造成的。散户常常会感觉到反弹的行情比较缓慢，无法与之前的下跌行情相比，因此庄家向下轻微打压一下股价，就会有大批的跟庄者出局。这样，庄家又可以以更低的价格买入股票。

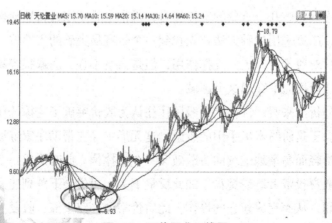

图3.39　天伦置业日线图

3.4.5 通过成交量识别庄家建仓

【庄家意图】

如果某只股票在上涨过程中,多个交易日内成交量持续增加,而且累积的换手率已经超过100%,则表明如此活跃的交易背后有可能是庄家已经开始建仓而拉高股价。

【个股分析】

如图3.40所示的为西藏矿业周线图。股价在上行过程中,成交量也在两三个交易周内保持了增长。这说明庄家在拉升过程中依然在积极地吸筹。

图3.40　西藏矿业周线图

如图3.41所示的为飞亚达A日线图。股价在上涨过程中,成交量持续多次增加,这说明庄家在拉升的同时也在积极不断地建仓。

图3.41　飞亚达A日线图

3.5 散户如何判断建仓是否完成

对于散户来说,如果要想成功地跟庄,不仅要了解到哪只股票有庄家在介入,还要了解到庄家是否完成了建仓的操作。因为这直接关系到散户进场的时机。如果散户过早地进入,则如果庄家建仓的时间持续很长,跟庄者的资金会白白地耗在市场中,短期内很难见到收益,因此占用的资金比较大。而如果跟庄者能够在庄家建仓的末期进入市场,则是一个最佳的理想入场点,这既避免了长时间的建仓周期,又可以获得巨大的经济利润。

3.5.1 上涨时关注成交量

【庄家意图】

当股价开始上涨时,由于庄家已经控制住了大部分的筹码,因此成交量是不会显著增加,而且因为是刚刚开始拉升,庄家不会进行震仓的操作。如果跟庄者看到股价在小幅度上涨,应该及时入场跟庄。这是庄家完成建仓的标志,如果过晚入场,可能会错失进场机会。因为在后期庄家有可能快速拉升股价,而不给投资者其他进场的机会。

【个股分析】

如图3.42所示的为联环药业日线图。股价当达到市场底部后,出现了快速的反弹。庄家在隐蔽建仓,此时K线是一连串的小实体,但是成交量在逐步增加。这说明此时小幅度的上扬是庄家建仓结束的特征。跟庄者此时介入市场,后几个交易日就可以得到大的收益。

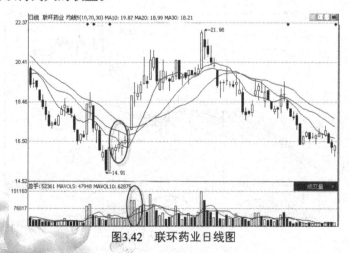

图3.42　联环药业日线图

如图3.43所示的为平庄能源周线图。股价在市场底部经过了漫长的盘整过程，此时庄家积极建仓。成交量由很小逐步增大，这说明庄家的建仓工作已经进入尾声，此时是跟庄者理想的进场点。

图3.43　平庄能源周线图

3.5.2　个股与大盘的关系

【庄家意图】

当个股的走势与大盘走势相反时，这就属于一种不正常的状态，有可能已经被庄家所控制了。具体来说，如果大盘出现上涨状态，而唯独某只股票不涨；或者当大盘出现下跌的走势时，大多股票都处于下跌状态，而某只股票却反而出现上涨的态势，则很有可能是因为该股票的筹码已经被庄家吸纳，庄家对此股价有绝对的控制权。此时跟庄者可以积极买入此类股票，因为只要市场上出现符合庄家拉升的条件，未来的上涨之路是必然的。

【个股分析】

如图3.44所示的为上证指数周线图。大盘指数处于快速下跌的行情之中，也就是说在这一时期，股市表现并不令人十分满意。但是有些个股却走出了与大盘截然相反的行情。

如图3.45所示的为中天城投日线图。该个股在大盘低迷的时候，却已经筑底并向上运行。跟庄者如果能及时发现这一特点，立即入场就可以抓住后续一大段上涨的行情。

图3.44 上证指数周线图

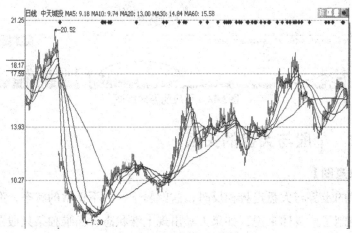

图3.45 中天城投日线图

3.5.3 关键点要特别关注

【庄家意图】

不论是跟庄交易策略还是通过技术分析来进行独立的买卖，对一些重要的关键点位都要予以足够的重视。如果庄家在建仓完成后，开始向上真正拉升，则势必会轻而易举地突破某些重要的阻力位。因此，跟庄者只要密切注视这些点位，是能够成功跟庄的。

【个股分析】

如图3.46所示的为如意集团日线图。当股价在拉升中出现了一个回调后，庄家继续吸筹。此后，庄家二次建仓结束后继续拉升。而且轻而易举地突破了前期高点，以一个跳空缺口的形式突破，说明多头动能很大。跟庄者完全可以据此来进场跟庄。

图3.46　如意集团日线图

如图3.47所示的为东方通信日线图。从整个行情来看，庄家的拉升幅度是较大，因此庄家建仓一般需要几次才能完成。股价在被拉升的过程中，庄家同时也在吸纳筹码。等待庄家建仓完毕后，股价一举上冲过了前期高点，即使在此时才进场跟庄的散户交易者，后市获得的利润也是不小的。

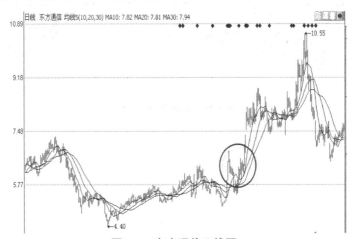

图3.47　东方通信日线图

3.5.4　大阳线后的价格走势

【庄家意图】

如果某交易日的K线图中出现了一根大阳线，跟庄者需密切注视次日的价格走势。如果第二天的价格走势很平淡，则说明该只股票已经完全被庄家所操纵。因为根据一般规则，当大阳线出现后，表明买盘过多，后市将继续向上增长。但是由于庄家的控盘，未来的价格走势已经被庄家所操纵，后一交易日的平淡走势说明庄家不再继续吸纳筹码，当然也没有开始出货，而是准备开始拉升之路。此时进行跟庄操作，是极其明智的举动。

【个股分析】

如图3.48所示的为上海梅林日线图。股价在市场底部走出了一个大阳线。但是后一个交易日股价却没有大幅度波动。这说明庄家已经可以控制整个行情走势，跟庄者此时入场，等待庄家大幅拉升，就可以获得大的利润。

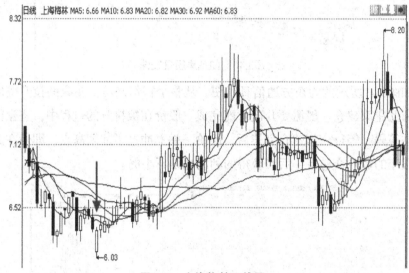

图3.48　上海梅林日线图

第4章 庄家试盘，散户静观其变

　　试盘也是庄家在坐庄过程中不可避免要采取的举动，一般出现在庄家大幅拉升之前。所谓试盘，就是指庄家在拉升之前，采用小部分资金拉升并打压股价，使股价出现明显的波动来观察市场对此的反应。在此阶段，散户最明智的做法就是静观其变，按兵不动。

4.1 试盘介绍

试盘是整个坐庄环节中的一个细小步骤,它可以被视为拉升的前奏。因此散户或者跟庄者必须要充分了解试盘的特点,才能更深入地理解庄家的拉升举动。

4.1.1 什么是试盘

试盘中的"试"是尝试之意,也就是说庄家要在拉升前对市场做的摸底工作,做一次尝试性的拉升或打压股价,看看市场对价格波动的反映。这一环节也是拉升环节的前奏,相当于提前为拉升做一次市场调研或者市场侦查工作。

4.1.2 庄家为什么要试盘

如同跟庄者在跟庄之前必须要了解庄家的底细一样,庄家也需要在拉升前对市场有一个摸底的工作。也就是说庄家也需要做到知己知彼。

首先,庄家通过试盘可以看清是否已经有庄家在操作或者控制此类股票。如果市场上已经有庄家介入此股票,那么一般情况下,后来的庄家往往会放弃坐庄这只股票,否则会引起不必要的麻烦,会造成庄家与庄家之间的争斗,从而造成最终的两败俱伤。

其次,通过试盘的方法庄家可以明确地观察到盘中各方持仓的数量,以及市场上对该只股票价格波动的关注程度,庄家拉升或者打压股票所遇到的阻力,从而更好地来调整或者掩饰庄家的操作方案,降低坐庄成本。

4.2 庄家试盘的常见手法

和建仓类似,庄家在试盘的过程中也会运用各种手法来达到不同的目的。而且有时庄家试盘不仅一次,而是根据不同目的采用不同手法来多次试盘。下面将介绍常见的一些试盘手段。

4.2.1 强势中的试盘

【庄家意图】

庄家在市场的底部吸筹后,K线图中一般会出现阴线和阳线交错出现的形态,而整个态势基本上是向上运行的。当庄家完成建仓任务后,通常会小幅地将股价提升到一个较高的位置,此时成交量也伴随着出现一定程度的增长,股价给人的感觉是脱离底部的特点。

这时庄家不会参与市场交易,既不拉升股票也不打压股票,任由股价自由波动。也就是说,股价在拉升到一个明显脱离底部的位置时,散户交易者会根据自身的情况来选择买卖股票。这时庄家已经退出股票交易冷眼旁观,决不干预股价的走势。庄家通过这种方式可以观察到中小投资者的交易水平,如果是多方大于空方的力量,则股价就会逐步上升。反之,如果空方力量大于多方力量,则股价就会下跌。如果多空双方力量相当,则股价就会在一个横盘的范围内运行。

【个股分析】

如图4.1所示的为西藏矿业周线图。庄家把股价拉升到一定高度后,所有交易者都已经看出股价远远脱离了底部。这时庄家离场观望,散户们自主交易。如果成交量较小,盘面上没有大的单子出现,股价仅在一个较窄的范围内自由波动。当庄家通过试盘看到多空力量的对比后,开始进场拉升股价,成交量也出现了放量的特点。

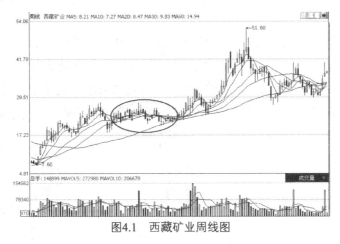

图4.1 西藏矿业周线图

4.2.2 震荡行情中的试盘

【庄家意图】

当庄家在市场底部完成建仓后,往往选择在一定幅度内向上拉升,或者在一定程度上向下打压股价。通过这种方式,庄家可以及时地了解到市场上跟进买入或者卖出的力量情况。

【个股分析】

如图4.2所示的为中国银行日线图。庄家在拉升前要进行一次试盘活动。于是在某个交易日，大幅打压并拉升股价，以此来观察散户对价格变化的态度。因此在当天的K线图上出现了一个带有长长上影线的阳K线。试盘后不久，庄家便开始了快速的拉升。

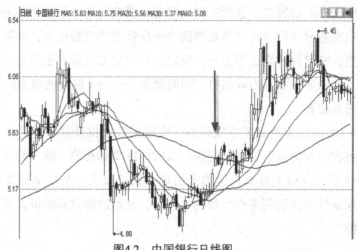

图4.2　中国银行日线图

如图4.3所示的为中色股份日线图。庄家在初次小幅拉升后，又进行了一个向下打压的操作。此后，庄家为了大幅的拉升，在拉升前进行了一次试盘。在K线图中出现了一个类似于十字线的K线，说明当天股价波动十分剧烈。经过了试盘，庄家摸清了盘中散户的情况，于是不久后出现了又一次的小幅拉升。

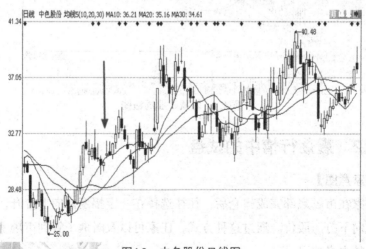

图4.3　中色股份日线图

4.2.3 弱市中的试盘

【庄家意图】

在弱市中,庄家常常会借助大环境的疲弱而故意夸大一些负面信息,从而造成股价的继续下跌,这种方法可以迫使散户获利了结或者止损出场,此时成交量一般极度萎缩,K线图中经常出现连续几个交易日的阴线。

【个股分析】

如图4.4所示的为中信证券日线图。股价在震荡下行的过程中,突然出现了一个跳空的阴线,这极大地挫败了多头的信心。此后不久,庄家拉出了一个中等实体的阳K线,市场中没有给出更多的抛盘,于是庄家试盘结束。股价大幅拉升,成交量也从之前的极度萎靡发展到巨大的放量。

图4.4 中信证券日线图

如图4.5所示的为工商银行日线图。图中反弹后期出现了一根大阴线,形成了一个空头势力极强的假象。第二日,庄家给出了一根大阳线,以此来测试盘整的情况。但是此次试盘,庄家并没有得到满意的效果。此后不久,庄家又拉出了一根大阳线,进行了第二次试盘。而真正的拉升之路,便是从第二次试盘后开始的。

图4.5 工商银行日线图

4.2.4 关键点位的试盘

【庄家意图】

在一些关键点位附近,不仅散户投资者会密切关注,而且庄家也会密切地观注。庄家在建仓完成后,常常利用一些关键点位,也就是支撑位或者阻力位来进行试盘,通过向上推升股价或者向下打压股价来测试股价运行到支撑位或阻力位时市场的反应。

【个股分析】

如图4.6所示的为中色股份日线图。庄家可以打压股价到25.00元的整数关口,随后庄家发现这个点位抛盘几乎为零,于是在此次试盘后开始拉升。

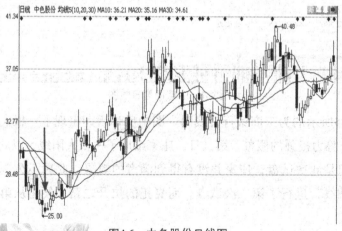

图4.6 中色股份日线图

如图4.7所示的为中国银行日线图。庄家曾经打压股价到4.80元的位置，但是被多头反击，形成了一根长长的下影线。此后庄家继续打压，多个交易日后价位又到了4.80元的前期低点。此后庄家以一根大阳线试盘，并没有遭到大规模的打压，因此在前一低点附近抛盘已经基本结束。于是庄家开始向上拉升。

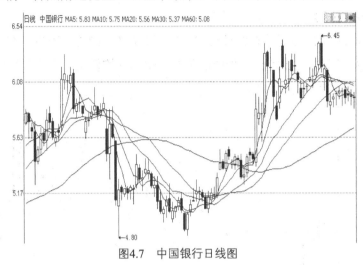

图4.7　中国银行日线图

4.3　散户如何通过K线形态识别试盘

试盘往往是拉升的前奏，投资者在此时最好是静观其变。但是散户的跟庄者如何能够识别庄家是在试盘，而不是拉升或者出货等环节呢？利用K线形态，就可以帮助跟庄者更好地识别庄家的试盘环节。

4.3.1　单针触底

【庄家意图】

单针触底是庄家试盘后常出现的一种K线形态，也就是说，在K线图中常常会有一根单一的下影线触及市场的底部。庄家刻意打压股价，使股价快速下行，通过此种方式可以测试某一价位的支撑力度。如果支撑力强，则庄家在打压过程中会遇到一定程度的阻力。

此外，这种方法还可以观察出外界资金对该股票的关注程度。因为如果有场外资金关注，则在股价快速下跌的过程中，一般会有更多的投资者逢低买入，成交量一般也会有一定的增大。

一般情况下，在开盘时股价与前一日收盘价格相接近，由于一笔和几笔大的卖单将股价瞬间大幅打压，但不久后股价又大幅回升，因此在K线图中形成了一根长长的下影线，类似一个针的形态，因此称之为单针触底。

【个股分析】

如图4.8所示的为浙江东方日线图。庄家在7.40元的价位附近，利用单针触底对价位进行了测试，了解到此处的股价有一定的支撑作用，于是开始向上拉升。

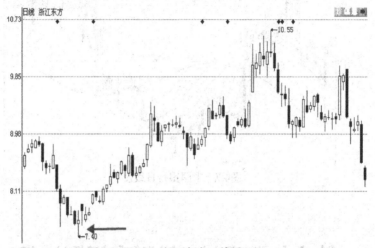

图4.8 浙江东方日线图

如图4.9所示的为同仁堂日线图。与浙江东方的走势不同，此图中庄家拉升几乎是直线上涨的，但是如此巨大的涨幅也是庄家通过单针触底的试盘结束后出现的。

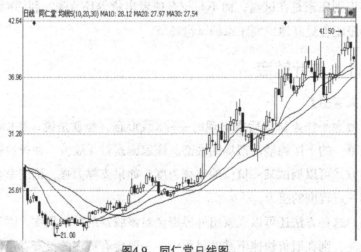

图4.9 同仁堂日线图

此外，有时庄家还会操纵股票，使股票在开盘时就出现大幅跳空低开，这又给散户跟庄者造成一定的心理压力。尽管在开盘后股票继续大幅下跌，但是在收盘时却收在了开盘价之上，形成了一根有长长下影线的阳K线。采用这种方式，庄家可以成功地测试出支撑价位的强弱程度，以及盘中可以稳定持有股票投资者的数量。

如图4.10所示的为武钢股份日线图。股价在连续两个交易日的小幅上涨后，出现了一个跳空低开。此后股价一路直下，这无疑使之前买入的散户投资者卖出股票。这是庄家洗盘的方式之一，目的是要测试下行的支撑力度。在收盘时，K线收成了阳线，留下了长长的下影线，庄家据此来比较场内各方的力量，做出选择拉升的时机判断。

图4.10　武钢股份日线图

对于这种方式的试盘而言，跟庄者一定不要盲目进场，而是静观其变。因为庄家对市场也并不能十分完全掌控，所以才需要尝试性的打压。如果跟庄者盲目进行抄底，一旦庄家发现市场的承接能力不强，有可能继续向下打压股价，使股价向下运行，继续测试其他支撑水平，这时跟庄者可能已经处于亏损状态了。

如图4.11所示的为青海明胶日线图。可以看到，股价在下跌的途中，庄家进行了多次试盘活动，图中也几次出现了单针触底的形态。但是庄家并不认为在此点位有较强的支撑作用，于是继续向下打压，测试下一个支撑位。如果之前的测试环节，跟庄者贸然进场就会被市场套牢。

图4.11 青海明胶日线图

4.3.2 双针触底

【庄家意图】

双针触底与单针触底类似,只不过是在K线图上连续出现两个单针探底的形态,有时也可以是间隔一两个交易日出现。伴随着K线形态的出现,成交量一般会有放大的迹象。庄家通过第二次试盘,可以判断出在前一点位的承接能力是不是依旧很强,如果股价在前一次测试的点位继续能够保持向上运行的态势,则说明在此点位依然有很强的支撑能力。

【个股分析】

如图4.12所示的为兰花科创日线图。股价在34.80元价位见底,但是此后庄家又一次测试这个点位,目的是查看该点位是否依然有较强的支撑作用。经过两次试盘后,庄家才放心大胆地开始拉升。

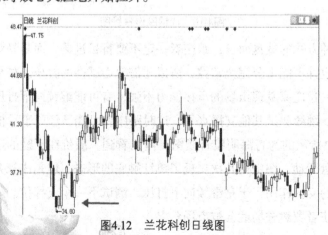

图4.12 兰花科创日线图

如图4.13所示的为宏图高科周线图。图中椭圆形区域出现了一个双针触底的试盘方式，尽管两个下影线并不在同一水平价位上，但这也说明此位置的承接能力很强，庄家就是据此开始了短暂的拉升之路。

图4.13　宏图高科周线图

4.3.3　多针触底

【庄家意图】

多针触底是一连串出现单针探底的一种K线形态。也就是说，庄家曾经多次在这一价位试盘，反复测试这个区间的支撑能力。只有庄家十分确信这一点位有较强的承接能力后才会进入拉升阶段。

【个股分析】

如图4.14所示的为大连国际日线图。股价在10.49元附近出现了一个多针探底的试盘。庄家正是经过了几次的反复测试才开始向上拉升。

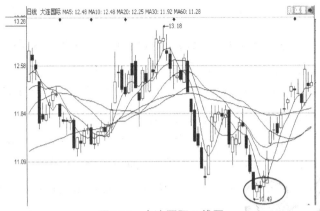

图4.14　大连国际日线图

如图4.15所示的为吉电股份日线图。股价在市场底部也是经过了一个多针触底的试盘过程。此次测试中间间隔了几个交易日，庄家在测试过程中向上小幅推高了股价。只有最后庄家测试完毕并最终确信支撑足够强势时才会拉升股价。

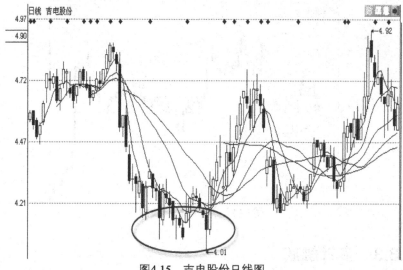

图4.15　吉电股份日线图

4.3.4　低开高走

【庄家意图】

低开高走是在开盘时比前一日收盘价有明显下挫的迹象，但是开盘后股价一路上扬，最终在收盘后形成一根阳线。庄家采用低开的方式试盘就可以测试出股价是否还有强大的下跌动力支持，如果下跌动力依然强大，则庄家是很难向上大幅度提升股价的。

【个股分析】

如图4.16所示的为开开实业日线图。股价在市场底部出现了一个低开高走的态势，图中已经有箭头指向。此交易日的大幅低开延续了之前的跌势，但庄家就是要通过低开来测试这一点位的支撑力度。当天在低开后并没有下跌，而是收成了一个阳线。经过试盘后，庄家在后续的交易日大幅拉升。

如图4.17所示的为中色股份日线图。股价在一波回调后，出现了一个大幅低开的走势。但后市却大幅走高，甚至超过了前一个交易日的收盘价。这其实是庄家在试盘，此后庄家开始了真正拉升。因此，试盘可以出现在拉升的途中，而不仅仅是市场的最底部。

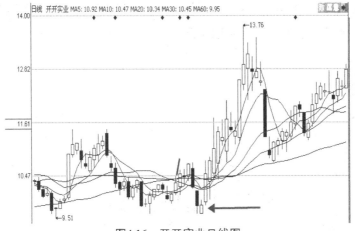

图4.16 开开实业日线图

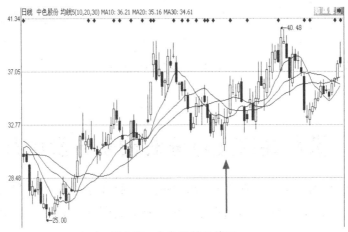

图4.17 中色股份日线图

4.3.5 高开低走

【庄家意图】

与低开高走正好相反，高开低走是指股票在开盘时明显高于前一日的收盘价，呈现了一个上涨的迹象，但是在开盘后股价一落千丈，最终在收盘后形成一根具有较大实体的阴线。这种试盘，不仅能够测试卖盘的承接能力，而且还能把一些不坚定的跟庄者及早地清除出场。

【个股分析】

如图4.18所示的为兰花科创日线图。在市场震荡下行的过程中，庄家在接近市场的底部使股价大幅高开，这会刺激不少散户交易者买入股票，但是当天却大幅下跌，收成了一根阴线。这不仅挫伤了多头的积极性，还测试了这个区间内的多空力量。此后，庄家开始逐步地拉升。

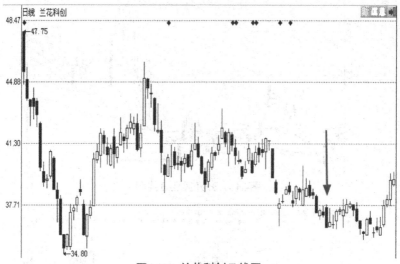

图4.18　兰花科创日线图

4.4　散户如何通过分时图来分辨试盘

不仅在K线图中可以识别庄家试盘的迹象，而且分时图中也可以发现一些蛛丝马迹。下面介绍庄家在试盘过程中，常常在分时图中留下的一些痕迹。

4.4.1　突然拉高或者打压

【庄家意图】

股价如果一直处于一个正常的波动范围内，而突然出现大幅拉高或者大幅下跌的迹象，此种形态的出现表明庄家是对这只股票进行试盘。庄家是在测试上涨的压力和下跌阻力的强弱。跟庄者应该在此时密切关注走势，通过庄家的试盘，自己也了解到未来上涨和下跌阻力的强弱。

【个股分析】

如图4.19所示的为南京医药分时图。股价开盘后始终在一个较小的区间内上下震荡，但是在中午收盘前开始大幅跳水。这正是庄家试盘，看看跟庄卖出的情况以及下方价位的承接能力。

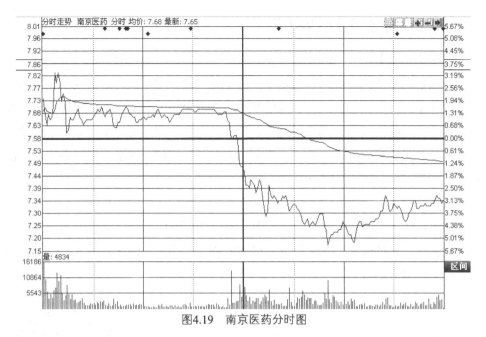

图4.19 南京医药分时图

如图4.20所示的为北矿磁材分时图。股价在尾盘突然被庄家拉升,是庄家在测试跟庄买入的情况和上涨的阻力。跟庄者不能认为这是真正的上涨。

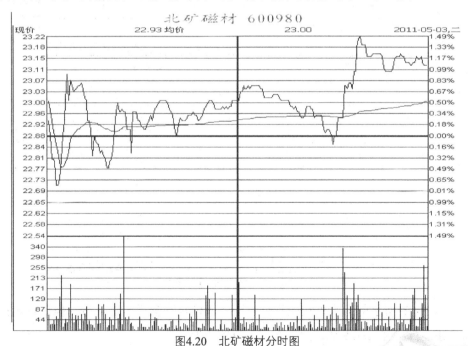

图4.20 北矿磁材分时图

4.4.2 收盘前猛然拉升

【庄家意图】

在收盘前瞬间拉高股价，也是庄家试盘的一种常用手法。因为这种做法可以使庄家大量节约资金，仅仅在收盘前半小时或者更短的时间内，庄家可以通过几手大买单突然拉高股价，此后不久当天的交易即将收盘。通过第二天散户是否跟庄买入以及盘中筹码的数量变化，庄家可以对市场中的一些散户情况做出准确的判断。

【个股分析】

如图4.21所示的为中化国际分时图。股价在收盘前半小时突然开始上涨，造成股价大幅上行的假象。庄家据此可以判断第二天有多少跟庄者买入，以及股价上行会遇到多大的阻力。

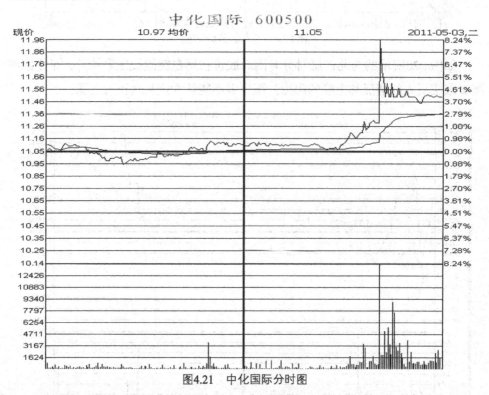

图4.21 中化国际分时图

如图4.22所示的为太极集团日分时图。股价在开盘后震荡下行，但是在收盘前快速上行。这是庄家在试盘，测试上行的压力大小。

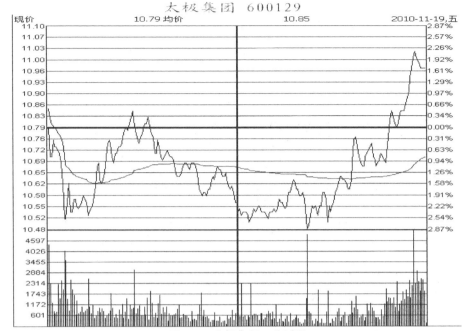

图4.22 太极集团日分时图

4.4.3 收盘前猛然下砸

【庄家意图】

收盘前猛然拉升与收盘前猛然下砸是一组相反的试盘方式，也就是说，在交易日收盘前半小时或者更短的时间内，庄家会突然抛出大量的卖单来下砸股价。通过这一方式，庄家完全可以把当天的K线形态制造成大阴线或者其他具有下跌含义的K线形态，以使投资者产生恐惧心理。庄家通常会在第二天静观其变，查看市场中抛盘的情况。如果第二天抛盘过多，则说明投资者信心不足，此时庄家必定不会马上进入拉升的环节。相反，如果第二天盘中没有出现大量抛盘，则说明投资者具有一定的心理承受能力，庄家可能由此做出拉升的决策。

【个股分析】

如图4.23所示的为南方建材分时图。股价在看盘后围绕着均线上下波动，但是在收盘前突然大幅跳水。这其实是庄家试盘下砸股价造成的，目的是观察后市是否有更多的抛盘出现。

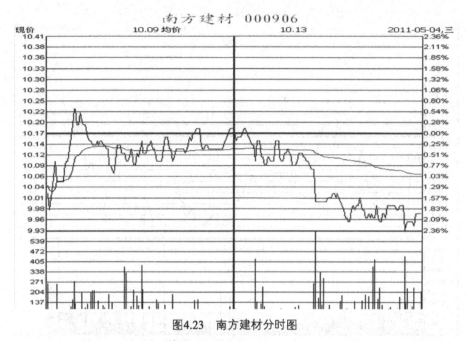

图4.23 南方建材分时图

如图4.24所示的为中国服装分时图。股价在开盘后经过了一个短暂的上升,而后进入盘整阶段,在收盘前一小时左右突然大幅下挫,庄家据此来测试下行的接盘能力。

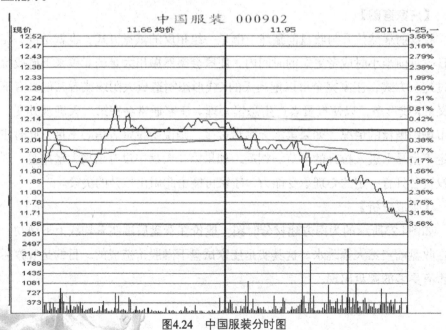

图4.24 中国服装分时图

4.4.4 高开开盘

【庄家意图】

此种试盘方式是庄家通过集合竞价以很高的价格开盘,但是在开盘后庄家并不进行任何操作,而是让股价在市场中自由波动。这样做的目的是测试上方是否有强大的冲击力。因为如果上方压力过大,此时庄家过早拉升股价势必会引发较大的阻力。因此庄家在促成股价大幅高开后,如果股价自己回落形成阴K线,不仅可以得出上方有一定阻力的结论,而且还能起到一定程度的洗盘效果。

【个股分析】

如图4.25所示的为安泰集团走势图。图中箭头处指向的K线为一根阴K线,当天的分时图在其右侧。庄家是股价高于前一日收盘价开盘,随后不再拉升,股价自由波动,全天大幅下跌。庄家通过此方式认定下方有一定支撑能力,开始了短暂的拉升行为。

图4.25　安泰集团走势图

如图4.26所示的为中国医药分时图。与上图不同的是,此次庄家开盘后将股价推升至涨停板并没有封死,而是打开涨停板让散户购买,以此来测试场外的跟庄情况和上方的阻力强弱。

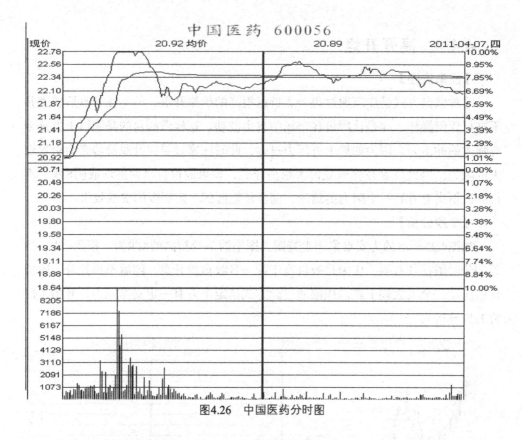

图4.26 中国医药分时图

4.4.5 低开开盘

【庄家意图】

低开开盘是与高开开盘相反的一组试盘方式,它是指庄家通过集合竞价以很低的价格甚至跌停的价格开盘。通过这种方式,庄家可以很清楚地看到多方的承接能力。如果散户投资者信心不足,随着股价的大幅度低开,盘中会有更多的抛盘出现,成交量也会随之放大。

相反,如果抛盘减少,成交量一般不会明显增大,庄家就可以确定向下的支撑能力还是比较强的。如果庄家认为下方的支撑能力非常强劲,则有可能再次将价格大幅拉升。

【个股分析】

如图4.27所示的为国投电力分时图。股价在开盘时大幅低开,随后在午盘前后开始大幅拉升,庄家据此来测试午后盘面跟进的散户情况。

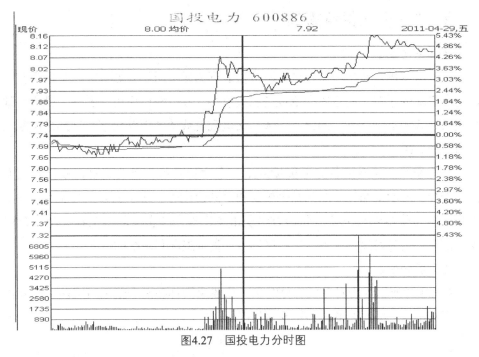

图4.27 国投电力分时图

如图4.28所示的为四创电子分时图,该股开盘时大幅低开,但是开盘后庄家便开始大幅拉升,目的是测试当天跟庄买入的情况。

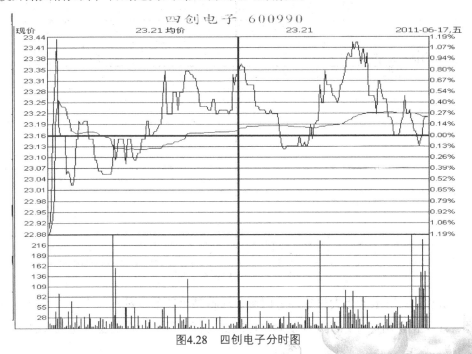

图4.28 四创电子分时图

4.4.6 全天保持震荡

【庄家意图】

全天保持震荡是指庄家在试盘时股价表现为时上时下，始终在一个区间范围内上下震荡的态势，而且成交量也是忽大忽小。在分时图中可以看到，股价经常呈现直线式的上升状态，同时，不久后又呈现直线式的下跌状态。这都是庄家试盘造成的后果。

当庄家快速拉升股价之后突然放出一个大的卖单，目的是阻止股价继续上涨，同样，当股价快速下跌到某个想要测试的价位时，庄家也会在买盘上挂一个大单，阻止价格继续下跌。此种方法使市场出现一个上下均有支撑和阻力的假象。而庄家正是通过这种手法来测试场内外资金追涨和杀跌的情况。

【个股分析】

如图4.29所示的为贵绳股份分时图。该股全天都在一个范围内震荡，庄家正是为了测试这一区间内的阻力和支撑情况。

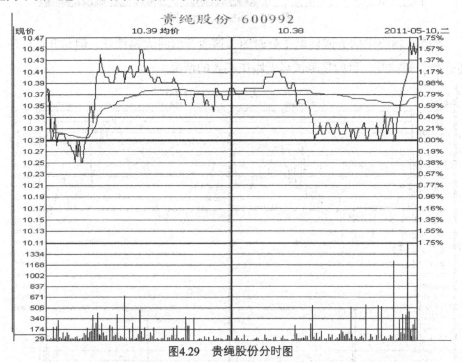

图4.29 贵绳股份分时图

如图4.30所示的为太极集团分时图。股价整个交易日都在一个区间内反复震荡，庄家正是用这种方式来反复测试区间的支撑和阻力，成交量也是忽大忽小。

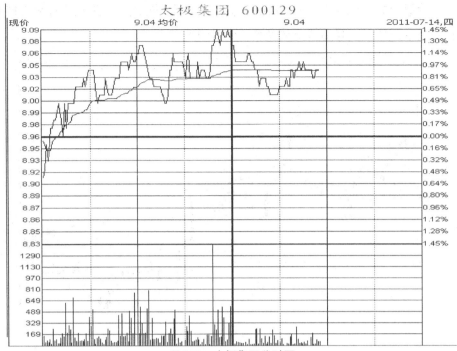

图4.30 太极集团分时图

4.5 试盘阶段散户操作策略

尽管庄家的试盘手法有很多,相应地会在K线图以及分时图中甚至其他技术分析图中留下一些蛛丝马迹,但是散户或者跟庄者最明智的做法是静观其变。因为既然庄家是在试盘,就说明庄家也对市场有一些不确定,他也需要通过前期的侦查工作来测试其所想知道的因素。而散户也可以通过庄家的测试对某些点位的支撑或者阻力位做一个明确的了解。尽量不要过早地进场,因为庄家要通过多次的试盘才能确定市场中的支撑或阻力等各方面因素,最终才能做出拉升或者其他决定。散户投资者如果过早入场,因为庄家试盘没有结束,很可能就会处于一个深度套牢的状态。即使未来庄家向上拉升,此时入场的跟庄者也需要等待极其漫长的一段时间。

如图4.31所示的为太极集团日线图。庄家曾经用单针触底的形式对市场做了一次试盘,但并没有达到令庄家满意的结果。庄家没有拉升股价,股价继续下跌，一直跌至7.96元附近，庄家再次试盘才做出拉升的决定。那么，如果在拉升之前进场的跟庄者，恐怕就要被套牢一段时间了。

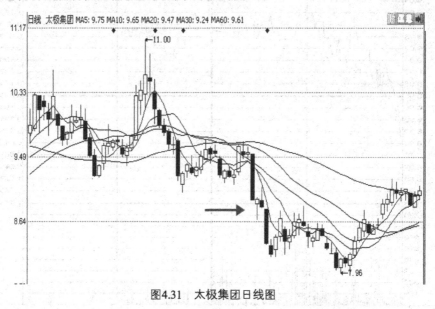

图4.31 太极集团日线图

第5章 庄家洗盘，散户如何不上当

　　洗盘是整个坐庄过程中必不可少的一个环节，洗盘也就是震仓，是庄家为了避免跟庄者分享自己的利润，而以各种手段来迫使散户卖出股票，从而使更多的利润掌握在庄家手中。而散户或者跟庄者必须要明确哪些是庄家的洗盘行为，从而避免过早地卖出股票。尽管庄家不愿意跟庄者与自己分一杯羹，但是跟庄者必须甄别庄家的洗盘行为，才能更好地搭上这趟免费顺风车。

5.1 庄家洗盘的常用方式

庄家在洗盘过程中，不会采用固定的一种模式。而是根据不同的环境和不同的因素采用不同的方式来制造恐慌的局面，迫使散户投资者认为股价依然会大幅下跌，从而过早地卖出股票。

5.1.1 打压式洗盘

【庄家意图】

打压式洗盘是指庄家利用自己能控盘的优势，将价格大幅打压，引起股价的快速下跌，制造出市场紧张的气氛。更多的散户交易者认为市场即将进入暴跌的行情之中，纷纷卖出手中的股票，这样庄家就实现了洗盘的目的。

这种方法是一些控盘实力很强的大庄家经常采用的方法，他们打压股价的幅度很大，甚至连续几个交易日使股票大幅下跌。一般情况下，如果没能及时察觉是庄家洗盘行为，跟庄者通常会卖出股票。

【个股分析】

如图5.1所示的为如意集团日线图。庄家在拉升中，完成了一次幅度很深的洗盘行为。

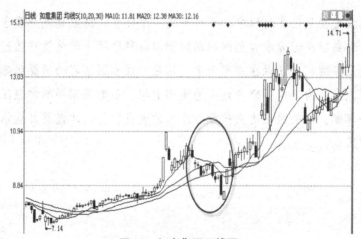

图5.1 如意集团日线图

如图5.2所示的为上海梅林日线图。庄家同样在上涨过程中制造了一次明显的洗盘。但是此次洗盘不同于图5.1的例子，洗盘的时间很长、幅度很深，足以清除大部分散户投资者。

图5.2 上海梅林日线图

5.1.2 打压洗盘的K线图

【庄家意图】

采用这种手法进行洗盘，K线图中经常会出现一连串的阴K线。一般只有庄家认为跟庄的散户太多才会采取这种极其恶劣的手段清除大批的跟庄者。当股价被大幅打压后，K线图上会出现较大实体的阳K线，进而重新拉升股价。

【个股分析】

如图5.3所示的为太极集团日线图。在洗盘阶段，K线图中出现了一连串的阴线。这是庄家故意所为，目的是让市场快速下跌，既制造紧张气氛，又可以利用散户投资者没有看清行情来打压股价。

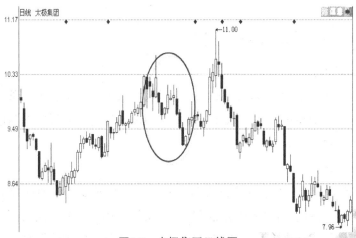

图5.3 太极集团日线图

5.1.3 打压洗盘的分时图

【庄家意图】

在分时图中可以看到,如果庄家采用打压式洗盘,分时图中常常出现直线下降的趋势,这说明庄家的打压手法非常凶狠。

【个股分析】

如图5.4所示的为ST波导分时图。股价在开盘后就快速下跌,这正是庄家一手策划的结果。目的是让更多的跟庄者看空市场,早日出场。

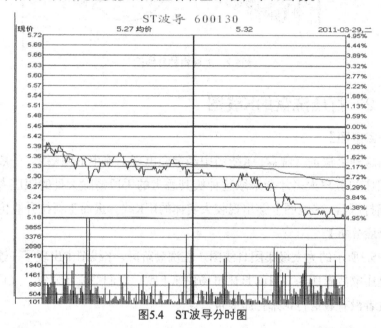

图5.4 ST波导分时图

5.1.4 打压洗盘的成交量

【庄家意图】

在成交量方面,往往是恐慌性的抛盘增大,成交量必定会出现快速放大的迹象。如果随着股价的快速下跌使成交量已经出现低迷,则说明抛盘已经将近衰竭,庄家未来将可能拉升股价。

【个股分析】

如图5.5所示的为中色股份日线图。庄家在洗盘时成交量明显放大,这是恐慌性抛盘增多造成的。随着抛盘的减少,成交量也逐步萎缩。但是当庄家继续拉升后,由于大量跟庄者入场,成交量又出现了一次明显放大的行情。

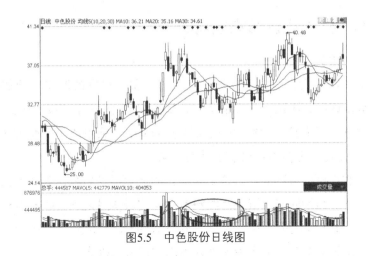

图5.5 中色股份日线图

5.1.5 打压洗盘的均线图

【庄家意图】

在均线系统方面，由于庄家的凶狠打压，短期均线必定会向下运行。如果庄家的打压幅度更大，则长期均线和中期均线也会掉头向下，从而形成一个空头排列的看跌形态，而且股价常常很容易突破均线的支撑，短期、中期和长期三条均线丝毫没有起到对股价的支撑作用。当吸盘结束后，短期均线首先会向上运行，最后逐渐形成多头排列的均线系统。

【个股分析】

如图5.6所示的为中色股份日线图。从图中可以看到，庄家在拉升股价时，均线是呈多头排列的，但是在洗盘时，短期均线最先掉头向下运行，出现了一个死叉的信号。随后中期均线也出现了向下掉头的迹象。

图5.6 中色股份日线图

5.1.6 打压洗盘结束的特征

【庄家意图】

对于短线跟庄者来说,在庄家洗盘前可以卖出手中的股票,获取一定的利润。当洗盘结束后,再次进场逢低买入,实现波段性收益。但是在此过程中跟庄者一定要注意,庄家打压的幅度一般都会超过10%,而且股价下跌的速度极快,甚至一连5个交易日都会出现快速下跌的迹象。

因此,散户投资者不能在一两个交易日的快速下跌后就认为股价已经处于过度下跌的状态,而抄底买入股票。在没有明确完成洗盘之前,散户投资者是应该谨慎进入的。在K线图中,如果出现一些直观的K线组合形态,比如一些看涨孕线、看涨吞没等形态时,散户投资者才可以进行抄底操作。

对于长线跟庄者来说,投资者不必提前卖出股票,相反可以在庄家洗盘的过程中继续买入股票,谋求更大的利润空间。

【个股分析】

如图5.7所示的为银星能源周线图。庄家洗盘持续了数周之久,已经出场的交易者要等待洗盘结束的信号出现后才能进场,本图中出现了一个看涨的刺透K线形态,标志着洗盘的结束。而长线交易者完全可以忽略掉此次股价的下跌过程,继续持有股票。

图5.7 银星能源周线图

5.1.7 震荡洗盘分时图

【庄家意图】

尽管打压式洗盘可以震荡出相当一大部分跟庄者，但是庄家也必然丢失手中的一些筹码，因此如果庄家认为跟庄者不够多，一般不会采用打压式洗盘的方式，而是常常采用震荡式洗盘的方式。

震荡式洗盘是指庄家不会大幅向下打压，而是将打压与拉升保持在一定合理范围内，使股价在区间震荡。当股价有一定幅度的拉升时，立刻会有一些散户进场做多，但是这些散户买入的理由非常简单，仅仅是追涨而已。此时庄家常常会向下打压股价，尽管打压幅度不及打压式洗盘方式程度之深，但是此时也会制造一些利空的消息，原本意志不坚定的跟庄者心理会有很大的恐慌，极易产生卖出股票获利平仓的想法。

跟庄者在此时卖出股票已经有了一定程度的亏损，但是他们害怕股价进一步向下跌落，惧怕更大的亏损到来，因此只有忍痛割肉出场。这也正是达到庄家的洗盘目的，并且此时庄家可以继续吸纳一定数量的廉价筹码。

【个股分析】

如图5.8所示的为中天城投日线图。庄家通过股价在上涨图中的宽幅震荡，清除了大量的散户交易者。因为这些散户交易者往往资金不足，在走势不明朗的情况下通常选择离场观望。

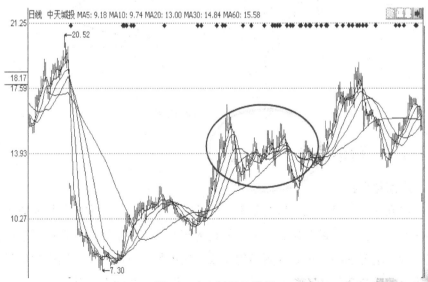

图5.8 中天城投日线图

此种打压方式一般出现在底部之上的一段区域内,因为庄家首先要把股价推升到一定程度,使更多的散户投资者认为股价已经有上涨的动力,已经脱离了市场的底部,有反转的可能,投资者才会有信心跟庄追涨。

但是,当有一部分投资者积极进入市场买入股票时,庄家就开始采用这种向下打压的方式使股价进一步向下回落。但是这里一个重要的特征就是向下回落一般不会低于前一个点位,因为跟庄买入的投资者一般不是在市场底部买入的,他们要等待行情上涨了一段时间后才有胆量进场做多,所以只要庄家把股价向下打压一些,他们的原有利润就有可能损失殆尽,甚至已经产生一定幅度的亏损,足以从心理上迫使他们割肉出场。

如图5.9所示的为三一重工小时图。股价在上涨中,庄家开始洗盘。但是洗盘时并未将股价打压至市场的前一点位。仅仅是反复的震荡操作,就足以迫使许多散户出场。

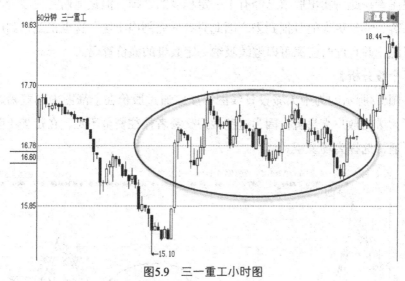

图5.9 三一重工小时图

5.1.8 震荡洗盘的成交量

【庄家意图】

当庄家在洗盘时,成交量会以不规则的形态出现。当庄家向下打压股价引起更多的抛盘时,成交量会显著增长。但是随着股价不断下跌,抛盘逐渐减小,这时成交量会出现逐渐缩小或者萎缩的现象。这也是庄家吸盘即将结束的信号,因为市场上的成交量已经不会再有所增长,庄家即将开始向上拉升。

【个股分析】

如图5.10所示的为中天城投日线图。在庄家洗盘时，成交量明显增大，正是散户大量出局的结果。随着抛盘的减少，成交量也在萎缩，当庄家重新拉升股价时，成交量再次出现放大，这也是跟庄者理想的进场信号。

图5.10　中天城投日线图

5.1.9　震荡洗盘的均线图

【庄家意图】

均线图上，因为庄家始终保证价格在一定区间内上下震荡，因此均线系统常常是空头排列和多头排列相继出现。当股价开始有被向上拉升的迹象时，短期均线最先掉头向上，形成多头排列。当股价达到洗盘的价格上限时，庄家可以将股价向下打压，此时短期均线最先向下掉头，随即其他均线也向下运行，形成一个空头排列的状态。

【个股分析】

如图5.11所示的为海欣股份日线图。在震荡的区间内，短期均线因为具有极大的灵敏性，最先随着股价的变动而变化，整个均线系统也是呈现多头排列和空头排列交错的情形。

图5.11 海欣股份日线图

5.1.10 横盘洗盘分时图

【庄家意图】

如果庄家选择大盘绩优股来坐庄，一般会采用这种方法来洗盘。因为投资者一般倾向于绩优股，也比较看好绩优股。如果庄家在一般意义上向下打压股价，不会轻易造成散户投资者恐慌而卖出手中的股票，同时还有可能散户逢低买入股票，因此庄家卖出筹码，不仅没有达到想要的效果，还有可能全部转入到散户手中。

为此，庄家一般采用横盘平台式洗盘的方式，也就是说，庄家通过手中的部分筹码来打压股价，但是不会使股价大幅回落，而是始终保持在一个很窄的范围内波动。在此期间，成交量极少，交易很不活跃。经不住时间煎熬的散户或者跟庄者势必就会出场。等待成交量出现放大的迹象时，庄家也便开始向上拉升股价。

【个股分析】

如图5.12所示的为飞亚达A日线图。股价在上涨图中长时间停留在一个价位附近波动，经受不住煎熬的投资者势必会离场，选择其他股票进行投资。

采用这种方式进行洗盘，在图表形态中出现一个波动比较窄的区域，在K线图中也常会出现一连串小阳线和小阴线相互交错出现的情况，很少出现大阳线和大阴线。此阶段实际上是庄家和散户心理上的博弈，谁能坚持到最后的突破，谁便取得了胜利。当最终的大阳线突破了盘整区域，就意味着庄家已经完成了洗盘的工作，开始向上拉升。

图5.12　飞亚达A日线图

如图5.13所示的为苏宁电器日线图。庄家在洗盘过程中，K线图出现了一连串的小阳线和小阴线。伴随着大阳线的出现，庄家的洗盘过程结束了。

图5.13　苏宁电器日线图

在这种洗盘方式下，成交量一般会出现很低迷的情况。在此期间庄家是很少参与操作，没有买入股票的投资者一定认为市场交易不活跃，因此也不会用薪金买入股票，这就造成了整体成交量出现低迷。当庄家洗盘结束后，需要大幅向上拉升股价，这时会出现放量来配合股价的拉升。

如图5.14所示的为西藏发展月线图。在庄家洗盘过程中，不仅K线实体较小，成交量也不大，整体市场都是处于极度低迷的氛围中。当庄家洗盘结束后，伴随着新一轮的拉升，成交量会出现明显放量的特点。

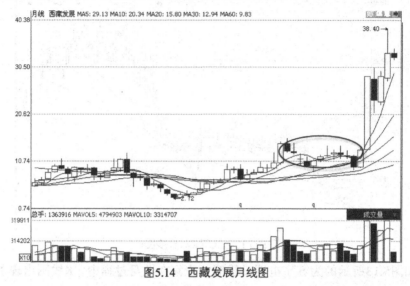

图5.14　西藏发展月线图

在均线系统上，由于股价长期处于徘徊状态，而且波动范围很窄，因此短期均线、中期均线和长期均线一般处于走平，甚至出现黏连的状态。但当股价开始向上拉升时，均线会从黏连状态开始向上发散。

如图5.15所示的为太极集团周线图。均线系统在洗盘前始终处于多头排列，随着庄家开始洗盘，均线系统逐步走平，各条均线之间的距离越来越小，甚至出现了黏合的迹象。当庄家重新开始拉升后，均线系统又开始向上发散。

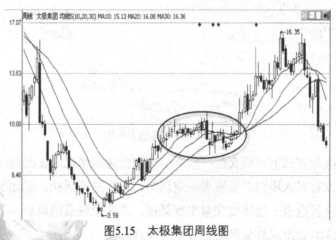

图5.15　太极集团周线图

5.1.11 盘整洗盘分时图

【庄家意图】

因为股价波动不明显，因此在分时图中常常是一个很窄的范围内上下波动，一般是围绕当前的日平均线上下波动。从分时图中就可以看到，当日的成交价格波动范围很小。

【个股分析】

如图5.16所示的为长航油运分时图。从分时图中就可以知道当天的K线图一定是一个实体很小的K线。这也符合横盘洗盘时的特性。

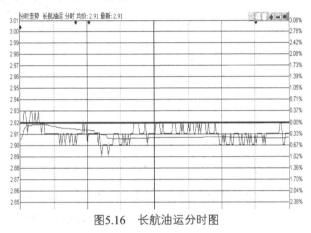

图5.16　长航油运分时图

5.1.12 拉高洗盘分时图

【庄家意图】

与之前打压股价的方式不同，拉高洗盘是指庄家在拉升过程中进行洗盘。也就是说庄家推高股价，并伴随巨大成交量的产生，但是即将收盘时挂出几笔大的卖单，或者卖出一部分筹码，这使得股价有所回落。但是当天依然可以收成一根阳线并具有长长的上影线。

这时市场的获利盘也会跟着庄家卖出，因为更多的散户看到K线中有上影线，他们认为上方的压力很大，未来可能不能向上穿越，不如及时获利了结。而次日庄家继续拉高股价，但是在当天交易日结束之前依然向下在一定程度上打压股价，使当前收成一根具有上影线的阳K线。这样，之前卖出股票的跟庄者已经后悔不已，但是看到股价进一步向上拉升又不敢轻易再次进场，因此足以达到庄家洗盘的目的。

【个股分析】

如图5.17所示的为西藏药业日线图。从图中可以看到股价在上涨图中出现了一根十字线,而且上影线很长,说明股价曾经大幅冲高,这正是庄家一手策划的。当股价达到高位后再向下打压,使得部分散户交易者认为价格过高而卖出股票,其实未来的上涨路程还远远没有结束。

图5.17 西藏药业日线图

如图5.18所示的为太极实业日线图。在拉升股价的途中,庄家多次采用了拉高洗盘的方式。多个交易日相继出现长长的上影线,而且还有阴线出现,这都会给许多没有出场的散户交易者造成很大的压力。此方式比上面例子中单一的一根带有上影线的K线洗盘力度要大。

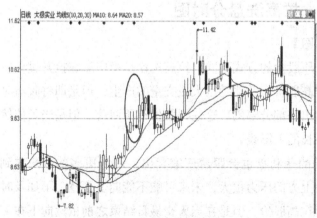

图5.18 太极实业日线图

此外,庄家有时还会隔几个交易日采用拉高洗盘的方式。如图5.19所示的为太极集团周线图,两次拉高洗盘就相隔了数周。

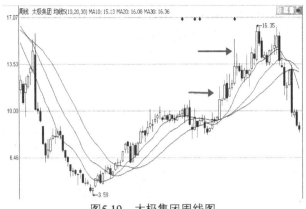

图5.19　太极集团周线图

5.1.13　下破位洗盘日线图

【庄家意图】

当庄家建仓完成后，势必会留下细小的痕迹，这时必定有一些跟庄者跟庄买入。庄家往往通过打压股价，使价格向下跌落至某个支撑点，或者向下突破了前期的高点，这时往往会造成散户交易者恐慌，因为根据技术分析理论，这些支撑位突破就意味着未来股价加速下跌。所以恐慌抛盘会增多，这样庄家不仅达到了洗盘的目的，而且还能收回另一部分筹码。

【个股分析】

如图5.20所示的为西藏药业日线图。股价在上涨中突然连续出现跳空低开的大阴线，这必然会使人感觉股价已经到顶，从而纷纷卖出股票，逃离出场。但这只是庄家的一个圈套，目的就在于驱除散户。

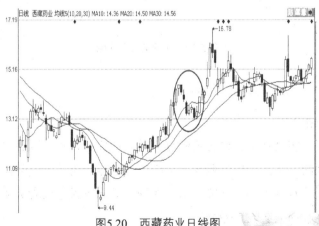

图5.20　西藏药业日线图

如图5.21所示的为如意集团日线图。图中椭圆形区域便是一次下破位的洗盘。此次下跌已经进入到了前一个缺口中。

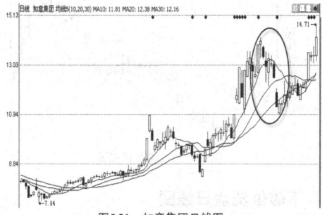

图5.21　如意集团日线图

如图5.22所示的为飞亚达A日线图。股价曾经连续三天大幅下跌，并且一举击穿了前面的两个低点。根据技术分析来交易的散户投资者此时一定选择出场了。

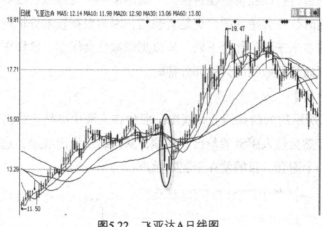

图5.22　飞亚达A日线图

5.1.14　大幅跳空洗盘

【庄家意图】

一般来说，庄家采用这种方式洗盘给散户造成的损失是巨大的，因为这种打压力度是很大的。庄家不仅将股价向下打压，而且出现了低开低走的情况，即使散户投资者十分看好某些绩优股，但是遇到连续向下跳空或者大幅向下跳空的情况，也势必在心理上造成了恐慌。

【个股分析】

如图5.23所示的为*ST金马日线图。股价在上涨中期出现了连续两日的大幅跳空低开,并在收盘时形成了一根大阴线,一般的散户交易者此时都会卖出手中的股票,不敢再继续持有。

图5.23 *ST金马日线图

如图5.24所示的为中信银行日线图。尽管该股是大盘蓝筹股,但是一连几个交易日的大幅跳水,一般投资者也是不能承受的,于是纷纷离场。

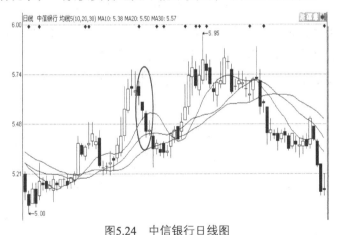

图5.24 中信银行日线图

5.1.15 假突破洗盘

【庄家意图】

假突破洗盘也是庄家热衷的洗盘方式之一,它是指庄家在拉升股价的过程中,突然向下打压股价,从而使散户交易者从技术图表上分析得出股价已经向下突破的错误结论。实际上,庄家采用这种方法向下突破一般多为假突破,仅仅是将股价向下打压至支撑位以下几个点便可以达到洗盘的目的。而庄家等待更多的抛盘出现后,随即开始向上拉升。

【个股分析】

如图5.25所示的为中信银行日线图。庄家仅仅将股价打压至前期高点略低的位置,便会有许多交易者认为支撑乏力而纷纷离场。

图5.25　中信银行日线图

如图5.26所示的为海欣股份日线图。股价在一个向上调控后,庄家并没有开始大幅拉升,而是先进行洗盘,当股价被打压到前期低点以下,并有填补缺口的趋势时,大多的散户交易者都会选择离场,但是不久之后庄家就要进行大规模地拉升。

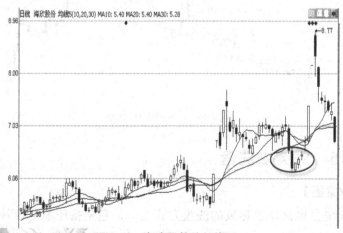

图5.26　海欣股份的日线图

如图5.27所示的为中天城投日线图。图中椭圆形区域出现了一个W底形态。仅仅是后一个低点略微低于前一个低点，就会使不少散户交易者认为有效突破了前一低点而选择离场。

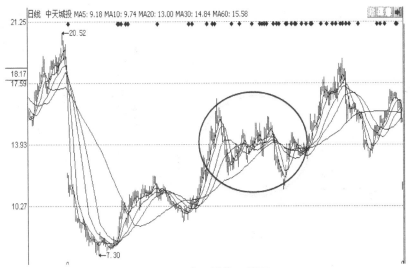

图5.27 中天城投日线图

5.1.16 涨停板洗盘

【庄家意图】

如果当前的股票开盘价位于涨停板附近，或者大幅向上跳空已接近于涨停板的价格开盘，上升的动力十分强大，有可能继续向上涨，因此会有更多的跟庄者入场。但是庄家往往在此时向下打压，使股价迅速下滑，此后必然会有一定的跟庄者止损出场。但是庄家有可能再次拉升，使股价继续向上直至涨停板的位置或者接近涨停板的位置，此时势必又有跟庄者进场做多。

此时庄家经常会采用相同的方式继续向下打压，使股价再次下滑。往返几次，跟庄的交易者基本上都会被清仓出局，很难有跟庄者在如此折腾的价格走势中坚持下来。因此庄家仅仅在一个交易日内就可以踢出绝大部分跟庄者。

【个股分析】

如图5.28所示的为海欣股份日线图。箭头指向的交易日大幅高开并一路上冲，此时必定有交易者跟庄入场追涨，但是此后庄家大幅打压，股价一落千丈，甚至跌破了前一根阳线的开盘价，于是入场者纷纷止损离场，此后股价再次拉升。如此反复多次，盘中的散户就会所剩无几了。

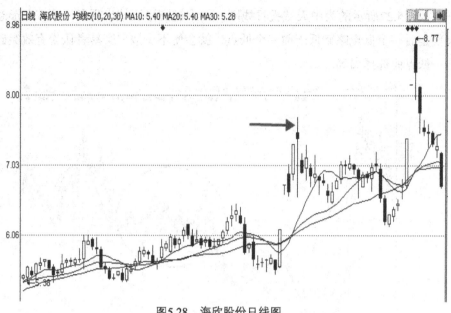

图5.28 海欣股份日线图

5.2 洗盘的特征

庄家向下打压股价，是为了清除掉一些免费搭乘顺风车的跟庄者。但是作为散户来说，如果想要正确跟庄，就必须要了解哪些是庄家的洗盘行为，哪些是庄家已经开始出货准备出场。因此了解庄家的洗盘特征是非常重要的。

5.2.1 上涨过程中的洗盘特征

【庄家意图】

一般情况下，股价在上涨过程中庄家如果洗盘，是围绕着短期均线和中期均线进行的，例如10日移动平均线或者15日移动平均线。当股价上涨过程中偏离中期移动平均线，庄家很可能向下打压股价，使得有一部分散户出场。

【个股分析】

如图5.29所示的为西藏药业日线图。当股价远远高于短期均线，庄家常常会在此时洗盘，当股价回落到中期均线附近，庄家的洗盘也就宣告结束。散户据此可以判断庄家洗盘的起始时间。

图5.29 西藏药业日线图

如图5.30所示的为苏宁电器日线图。庄家在拉升该股时采用了快速拉升的方法，而不会采用深度打压的方式洗盘，因此每次洗盘都是围绕短期均线开展的。只要股价偏离短期均线，庄家便会洗盘，使股价回落至短期均线附近。

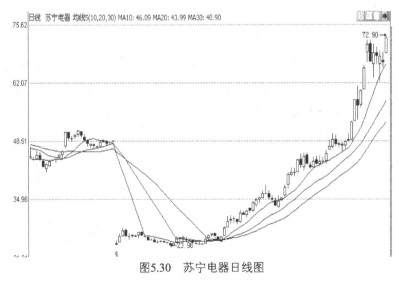

图5.30 苏宁电器日线图

5.2.2 上涨洗盘均线图

【庄家意图】

在长期均线方面，如果庄家将股价打压至长期均线附近，一般会快速拉升。其实股价向下突破长期均线，突破程度也不是很大，仅仅是触及，或者稍微向下穿越一点。

【个股分析】

如图5.31所示的为中信银行日线图。庄家两次洗盘都是将股价打压至长期均线附近而后快速拉升。

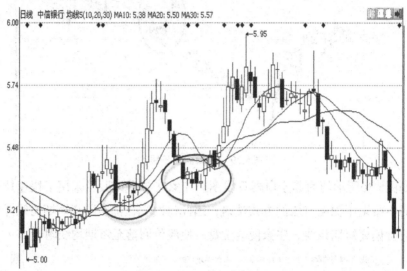

图5.31　中信银行日线图

如图5.32所示的为*ST金马日线图。股价在拉升中，均线系统呈现出多头排列的走势。当股价远离短期均线时庄家就会洗盘，将股价打压至长期均线附近，洗盘就将结束。跟庄者可以根据这个规律进行波段交易。

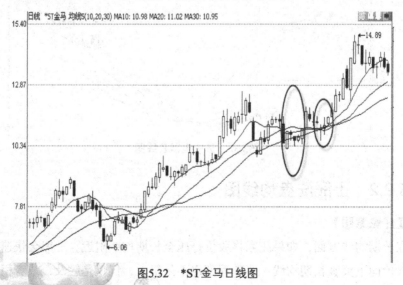

图5.32　*ST金马日线图

5.2.3 上涨洗盘的成交量

【庄家意图】

在洗盘的过程中，成交量初期是比较大的，这是因为有更多的恐慌性抛盘造成的。但是在洗盘中期，由于抛盘的减少成交量会逐渐递减。在洗盘结束时，庄家再次吸纳筹码，并且向上推升股价，成交量会有放大的迹象。

【个股分析】

如图5.33所示的为太极实业日线图。庄家在拉升股价中，打压股价形成了一根大阴线，这就是洗盘的开始。此时成交量明显增大，因为散户害怕顶部到来纷纷离场，而随后的几个交易日出场者逐步减少，成交量也逐步萎缩。庄家结束洗盘后开始继续拉升，成交量也会明显地增大。

图5.33 太极实业日线图

一般在洗盘结束时，伴随着股价向上突破，成交量有突然增大的迹象。如图5.34所示的为中信银行日线图。庄家在两次洗盘结束后，成交量都伴随着股价的上升出现了突然放量的迹象。

如图5.35所示的为中天城投日线图。尽管庄家在整个坐庄过程中采用了不同的洗盘方式，但有个共同的特点是，在洗盘结束后成交量会明显地增大。

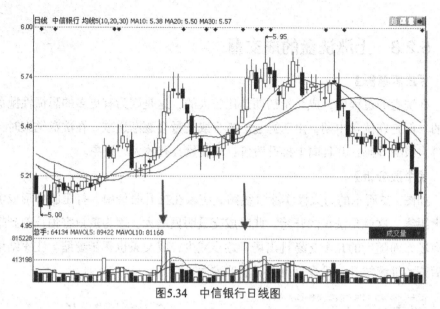

图5.34 中信银行日线图

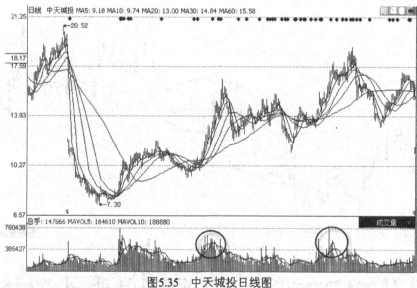

图5.35 中天城投日线图

5.2.4 横盘中的洗盘特征

【庄家意图】

横盘过程中股价波动范围很小，基本上长期处于一个窄幅的范围。因此均线大都处于黏合状态。这是庄家故意制造的行情，目的是让更多的散户不敢继续持有股票，股价长时间没有变化必然会给散户一定的心理压力。当均线开始向上略微翘起的时候,就是洗盘即将结束之时。

【个股分析】

如图5.36所示的为广济药业日线图,庄家刻意使股价保持在一个窄幅的范围内波动,三条均线随之黏合在一起。而且K线基本上是小阳线和小阴线,以及小阳线和小阴线相互交错出现,整体K线实体较小,多日处于徘徊状态,外观上如同汉字一样。

图5.36 广济药业日线图

如图5.37所示的为中科英华月线图。在市场底部附近,K线图中出现了多根实体较小的K线,而且是阴阳夹杂出现,这就是庄家洗盘的盘面特征。

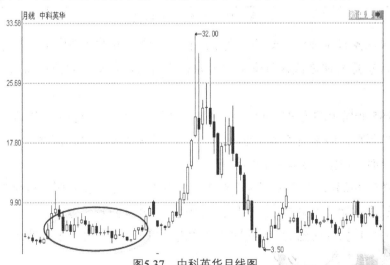

图5.37 中科英华月线图

5.2.5 庄家洗盘中的K线图

【庄家意图】

庄家在洗盘的过程中，尽管采用的方式多种多样，但是K线图中经常会出现相近的K线形态。如果庄家打压股价，保持股价在一个稳定的区域内上下波动，便有可能出现巨型的K线形态。

【个股分析】

如图5.38所示的为洋河股份日线图，庄家在洗盘时股价始终在矩形区域内波动。但是当洗盘结束后，拉升的幅度也是相当大的。

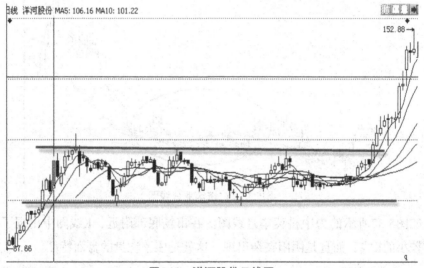

图5.38　洋河股份日线图

如果庄家打压股价，却并不要求股价在非常整齐的区间内上下波动，而是波动幅度有逐日递增或逐日递减的迹象，则有可能形成三角形或者楔形等K线形态。

如图5.39所示的为凤凰光学日线图。庄家在洗盘时，股价并没有在一个矩形的范围内震荡，而是波动幅度逐日缩小，在一个三角形区域内震荡。当突破三角形上边界时，庄家开始新一轮的拉升。

如图5.40所示的为金陵饭店日线图。此例中，庄家在洗盘时，股价在一个楔形的区域内波动。当突破此区域后，庄家也就结束了这次洗盘。

此外，庄家在洗盘时，K线图还经常出现旗形形态。如图5.41所示的为重庆路桥日线图。

图5.39 凤凰光学日线图

图5.40 金陵饭店日线图

图5.41 重庆路桥日线图

5.3 洗盘阶段散户的操作策略

跟庄过程中，散户正确地识别庄家是在洗盘而不是在出货，最简单的方法是静观其变，不卖出手中的股票，因为此时如果卖出，即使获得及时利润，也只是在拉升过程中的一小部分而已。未来的上涨之路还是很漫长的，只要耐心等待庄家吸盘结束，未来的利润是很大的。而激进的散户交易者此时完全可以等待庄家打压股价到低点，再次加仓买入股票，谋求庄家以后拉升股票时获得多的利润。

如果没有能及时识别出庄家是在洗盘，从而卖出手中的股票，只有等待庄家洗盘结束之后，在拉升股价之前再次进场买入股票。因为一般情况下，庄家在洗盘结束之后伴随着放量和股价的向上突破，识别起来是比较容易的。

如图5.42所示的为ST皇台日线图。尽管在整个拉升环节庄家多次洗盘，但是如果投资者完全不理睬庄家的行为，长期持有股票，便可以获得较好的收益。而激进的散户交易者还可以在洗盘时利用股价的下跌，再次买入股票，以谋求更大的利润空间。

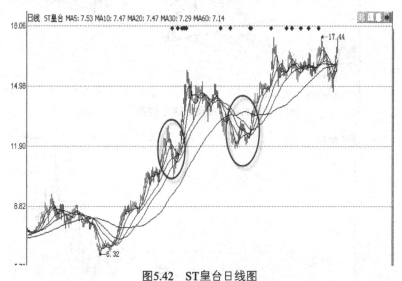

图5.42　ST皇台日线图

第6章　庄家拉升，散户以逸待劳

拉升是庄家坐庄过程中的一个重要步骤，也是整个坐庄流程中关键一环。拉升质量的好坏直接关系到庄家盈利的大小。所谓拉升就是庄家建仓后经过洗盘、过滤掉一些意志不坚定的跟庄者，推动股价大幅上涨，并且保持一定时间的涨势。在庄家拉升的过程中，有的胆小的投资者在拉升刚开始的时候就卖出了股票，没有搭上顺风车，白白错失机会。

还有的投资者虽然赶上了这波行情，可是没有在庄家拉升到最高点前卖出股票，而是等到庄家出货以后，股价大幅下跌，才意识到行情的转变，最终卖出股票。此时原有的利润转瞬即逝，又交还给了市场，甚至还有可能亏损。因此，散户如果选择跟庄，必须要了解到庄家拉升这一环节的方方面面，熟悉拉升时的特点，为跟庄做好准备。

6.1 庄家拉升的常见时机

庄家拉升并不是盲目的操作，而是在坐庄前已经制订好了计划。而且庄家在拉升时对时机的选择是十分严格的。因为庄家希望在拉升过程中尽量不遇到阻力，而且还有很多跟庄者帮助推升价格。这样庄家就会十分省力，也不占用大量的资金。否则，拉升时机如果不利，庄家在化解拉升阻力时会动用大量的资金。下面介绍常见的一些拉升时机。

6.1.1 大势看好

【庄家意图】

大势是指大盘的走势，庄家拉升的股价仅仅是一只个股，因此必须考虑到大盘这个大环境。如果大盘走势低迷，这个时候进入股市的资金本身就不足，每只个股的走势也不会太好。许多交易者可能都在观望，因此庄家拉升股价的成本必定要高。相反，在大势看好的情况下，拉升股价就十分容易了。此时大盘走势高涨，市场人气旺盛，每一只股票的走势都不错，此时拉升某只个股便是极其容易的事情了。此外，市场中交易的散户也比熊市要多，许多跟庄者会帮助庄家推升股价，无疑庄家又节省了一次成本。因此，许多庄家都愿意在大势看好的情况下拉升股票。

【个股分析】

如图6.1所示的为中银绒业周线图。从图中可以看到，股价在底部连续被大幅拉升，从2.64元直至19.45元，增长了6倍多。而且股价持续上扬的过程中，成交量也是持续增大，表明跟庄者也不在少数。中间还多次出现放量上涨的现象。此时，大盘走势也在逐步上涨。如图6.2所示的为深证成指周线图。从两图对比可以发现，这两张走势图有着惊人的相似性，而庄家正是在这个大势看好的大环境下完成拉升环节的。

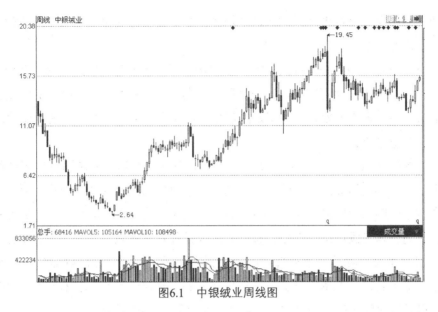

图6.1 中银绒业周线图

图6.2 深证成指周线图

6.1.2 利好消息

【庄家意图】

利好消息也是常见的一个拉升时机。如果庄家打算做某只股票,事先一定会深入了解这个公司的方方面面,这一点我们普通散户应该向庄家学习。很多散户买入股票都是随机的、盲目的,甚至连买入股票的发行公司是做什么项目的都不清楚。而庄家一定在坐庄之前做足了功课,甚至在坐庄的过程中与上市公司始终保持一定的联系。

当公司有一些利好消息出现时,庄家就会利用这个时机拉升股票,因为此时也会有许多散户看到利好的消息纷纷买入股票。甚至有的庄家在拉升的时候,要求上市公司配合庄家发布一些利好的消息。可见利好消息在股市中的重要性。

【个股分析】

如图6.3所示的为老白干酒日线图。从图中可以看到,在椭圆形区域内股价出现了三个连续的涨停板。什么原因能够刺激股价如此疯狂地上涨呢?原因就是一个企业改制的利好消息。在老白干酒公告中表明公司正在进行改制前的准备工作,计划将国有股退出一部分,有可能引进投资者或者职工入股,但是没有具体的改制时间表。就是这个消息在股市中引发了不小的震动,庄家非常准确地把握住了这个时机,大幅拉升股价,从12元左右一直拉升至17元左右,涨幅40%左右。而且这仅仅是拉升的开始,未来的上涨之路还遥遥无期。

图6.3 老白干酒日线图

如图6.4所示的为古井贡酒日线图。图中椭圆形区域同样也是连续几个交易日的调控涨停板,同时这也是庄家走出盘整区域开始拉升的时机。这次拉升同样也是配合了利好的消息。此前,古井贡酒发布公告表示,根据亳州市国资委的通知,上海浦创可能会获得古井贡酒集团公司40%的国有产权。如果此次转让成功,上海浦创将成为古井贡酒的第二大股东,拥有24%的股权。此消息一出,立刻得到了股民的响应,跟进买入者大增,当然庄家也不会白白浪费这个机会。

图6.4 古井贡酒日线图

如图6.5所示的为成飞集成日线图。图中庄家在完成建仓的步骤后准备拉升，此时关于新能源的利好消息频频传出，庄家充分利用了这个消息快速拉高，中间几乎不作停顿，成交量也配合了拉升的走势。

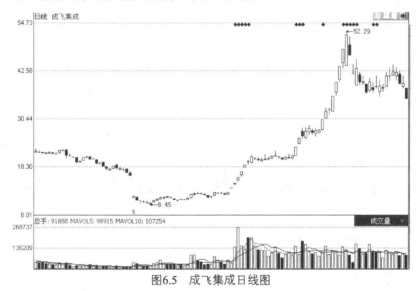

图6.5 成飞集成日线图

6.1.3 分红配送

【庄家意图】

分红配送是庄家喜欢采用的拉升时机，这主要是针对普通散户的心理。很多散户十分关注股票的分红和配送信息,因此庄家也不能错过这个时机。配送股票的比例越大,持有股票的股民获得收益也就越大。庄家就会选择一些没有分红或者分红较少的股票进行拉升,当然没有进行配送的股票也在庄家拉升的范围之内。

一般而言,股票进行分红和配送以后,股价都会调低,因此庄家会利用此时的低价来进行大幅度的拉升,一般要拉升至配送前的股价范围。如果股票业绩不错,可能拉升的幅度还要大。

【个股分析】

如图6.6所示的为国恒铁路日线图。图中股价在配送后出现了一个大幅下跌,跌幅在1.5元左右。这个空间就是庄家做文章的空间。庄家往往利用此时的低位拉升股票,最少拉升到配送前的价位水平附近。本图中,庄家就在3.60元附近缓慢地拉升,直至之前的4.2元附近。

图6.6 国恒铁路日线图

6.1.4 筑底形态

【庄家意图】

股市分析中的诸多方法,技术分析的使用频率最高。也就是说,大多数投资者都是根据K线图来决定买入和卖出的。因此,庄家利用K线图来拉升是节约成本的常用方式。当K线图中出现了常见的筑底形态时,股民就会据此来买入股票,而庄家在此时拉升股价是可以得到相当一部分散户投资者的帮助,因此无须消耗大量的资金。

【个股分析】

如图6.7所示的为西水股份日线图。图中，在股价下跌的过程中明显出现了一个头肩底的形态。而头肩底形态是股民中常用来确定进场的底部形态。当股价突破颈线后，股价开始拉升，而且出现了跳空高开高走的拉升方式。

图6.7　西水股份日线图

如图6.8所示的为敦煌种业周线图。图中，在上涨回调的末期出现了一个W底。W底是筑底形态中常见的一个形态，当股价突破颈线后股价被庄家大幅拉升，没有丝毫回调的迹象。这期间，散户的作用也是不容小视的。

图6.8　敦煌种业周线图

如图6.9所示的为吉林森工日线图。图中，在股价下跌的末期出现了一个W

底的变形形态，尽管两个底部并不是一样的价位，但是并不影响股民据此买入股票，抓取底部。庄家将股票拉升至颈线以后，股价继续上涨就是轻而易举的了。散户的买入就可以推动股价的上行。

如图6.9 吉林森工日线图

如图6.10所示的为中国铝业日线图。在股价下跌的末期出现了一个底部形态——三重底。这个筑底形态一出现，立刻会引来无数的散户进行买入抄底，尤其是当股价突破颈线后。因此，庄家此时的拉升可以说是顺势而为，几乎不费吹灰之力。

图6.10 中国铝业日线图

如图6.11所示的为涪陵电力月线图。图中,在下跌的末期走出了一个弧形的底部形态。庄家在此筑底形态后开始大幅拉升。尽管弧形底的持续时间很长,但是庄家在此后的拉升时间是短暂的,拉升力度是剧烈的,丝毫没有拖泥带水的迹象。

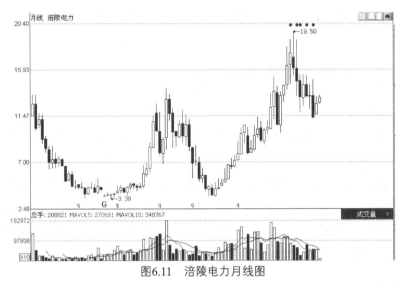

图6.11 涪陵电力月线图

6.1.5 板块拉升

【庄家意图】

板块拉升是指某只股票出现拉升后,其所在的板块内的其他股票也往往会出现拉升的现象。此种情况多发生在牛市中,原理也是基于散户的心理。散户买卖股票往往关注股票的板块,比如,如果看好银行股,就买入银行板块的多只股票;如果看好建材股,就一连买入多只建材板块的股票。这一心理当然也会被庄家利用,当某只股票被拉升后,板块内的其他股票也会跟风被拉升。

【个股分析】

如图6.12所示的为有色金属开采板块中的股票。从图中可以看到板块中的多只股票都出现了拉升的态势,仅仅是拉升的幅度有差异而已。

	代码	名称	星级	涨幅%	现价	总手	现手	昨收	开盘	最高	最低	换手%	叫买
1	601899	DR紫金矿		+10.00	5.28	1069116	203	4.80	4.90	5.28	4.86	0.68	5.28
2	600497	驰宏锌锗		+10.00	24.53	494906	70	22.30	22.39	24.53	22.39	3.79	24.52
3	000762	西藏矿业		+9.99	38.63	307859	12201	35.12	35.74	38.63	35.65	11.17	38.62
4	002155	辰州矿业		+6.51	35.35	258934	6146	33.19	33.24	35.39	33.15	4.73	35.35
5	002237	恒邦股份		+4.79	42.40	23910	356	40.46	40.49	42.58	40.00	3.55	42.40
6	600489	中金黄金		+4.07	28.39	335772	57	27.28	27.15	28.60	27.15	1.81	28.37
7	601168	西部矿业		+3.95	15.53	390487	15	14.94	15.03	15.63	14.99	1.64	15.54
8	000758	中色股份		+3.15	36.00	202464	4921	34.90	35.20	36.28	35.02	4.75	36.00
9	600547	山东黄金		+3.08	46.88	195162	19	45.48	45.40	47.15	45.20	2.86	46.89

图6.12 有色金属开采板块

6.2 散户如何识别庄家在拉升

尽管在坐庄的流程中,散户最容易识别的就是拉升过程,但是庄家也是比较隐蔽的,不会直线向上拉升,而是经常在向上拉升时是震仓、吸筹等手段交替进行。因此,在一定程度上给散户识别庄家已经处于拉升状态造成了一定的影响。

6.2.1 个股走势与大盘不同

【庄家意图】

如果某只个股的走势与大盘走势完全不同,则有可能是庄家已经处于拉升之时。因为如果大盘走势低迷,人气涣散,市场十分不景气,正常情况下多数的股票也是应该追随大盘的走势向下跌落。但是如果突然某只股票不仅没有向下跌落,甚至出现了大幅上涨的走势,便有可能是庄家拉升造成的结果。如果跟庄者在此之前已经买入股票,此时就可以轻而易举地获得了巨大的利润,这样在如此低迷的大抛环境下是不可多得的。

【个股分析】

如图6.13所示的为大元股份日线图。庄家在拉升股价后经过一次短暂的休整后大幅拉升,创出28.55元的高价。但是如图6.14所示的上证指数日线图中大盘指数却在当天走低,不仅如此,在大元股份上涨的阶段,大盘走势都是处于下跌的状态。

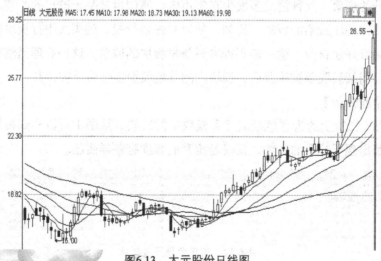

图6.13 大元股份日线图

图6.14 上证指数日线图

6.2.2 利好消息配合

【庄家意图】

庄家在拉升过程中通常需要一些利好消息的配合。这些利好消息有可能是庄家要求一些股票所属公司配合发出的，但因为有可能是突发的一些政策消息或者其他因素，这也是庄家所无法掌控的。因此，庄家在拉升过程中一般也希望有利好消息的配合，这样不仅更容易拉升股价，而且在股价上涨的过程中会遇到较小的阻力。

【个股分析】

如图6.15所示的为包钢稀土日线图。股价在拉升过程中遇到了国家出台的关于稀土的利好消息，于是庄家拉升更容易，价格一路直上。

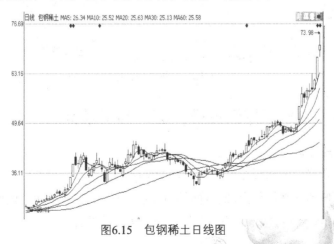

图6.15 包钢稀土日线图

6.3 散户应对庄家拉升的策略

尽管庄家拉升股票时已经跟庄的散户可以稳操胜券,获得较大的利润,但是因为庄家拉升的手法不同,散户也应该根据不同情况加以区别对待。

6.3.1 庄家快速拉升,散户坐享其成

【庄家意图】

采用这种方式拉升的一般是资金比较有限的庄家,而且庄家的坐庄时间非常短,属于短线庄家。因此他在拉升过程中几乎不采用向下打压的洗盘方式,而是在最短的时间内快速拉升,而且拉升的幅度大。K线图中出现连续的大阳线。

【个股分析】

如图6.16所示的为中信证券月线图。庄家在市场底部吸筹结束后一鼓作气将股价大幅推升。已经跟庄的投资者坐享其成就能获得优厚的回报。

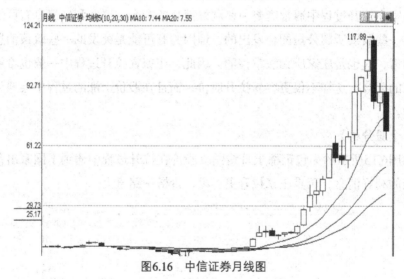

图6.16 中信证券月线图

6.3.2 庄家涨停板拉升,散户利润最大

【庄家意图】

这种拉升方法多出现在大势比较好的情况下,庄家的拉升迅猛,一连几个或者多个交易日都有涨停板出现。这时散户利润可以达到最大化,因此不必急于卖出手中的股票,等待庄家有明确的出场信号再获利了结。

【个股分析】

如图6.17所示的为老白干酒日线图。配合着该股票的一些利好消息,庄家连续三个交易日拉出了涨停板。散户跟庄者仅仅在这三个交易日就获得了不小的收益。此后经过了短暂的横盘休整,股价继续冲高。

图6.17 老白干酒日线图

如图6.18所示的为古井贡酒日线图。图示位置被庄家大幅拉升,一连出现了三个涨停板,涨幅超过了30%。已经成功跟庄的投资者此时一定收益不菲。

图6.18 古井贡酒日线图

6.3.3 庄家台阶式拉升，散户收益稳定

【庄家意图】

这种方式是指庄家在向上拉升股价的过程中，并不是直线向上的，而是循序渐进。在一定价位上，由于卖盘的出现，股价在推升过程中遇到阻力，而庄家只能维持股价在一个平台上浮动。等待有所改变后再次向上拉一段距离。此时跟庄的散户收益也是比较稳定的，不必立即在一个平台卖出手中的股票，因为未来庄家还要向上一个平台推升。

【个股分析】

如图6.19所示的为同仁堂日线图。庄家在拉升中稳扎稳打，逐步拉升股价。从走势图中可以看到有三个平台，庄家都是在站稳某个平台后继续向上运行。散户此时不必卖出股票，继续持有可以获得更大的利润。

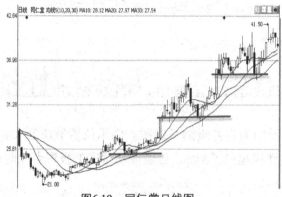

图6.19　同仁堂日线图

如图6.20所示的为西安旅游周线图。股价上升中也是以台阶式拉升的方式运行的。

图6.20　西安旅游周线图

6.3.4 庄家波浪式拉升，散户可以加仓

【庄家意图】

波浪式拉升一般是庄家在拉升过程中结合了洗盘的流程，当股价涨到一定幅度时，势必也会有更多的跟庄者获利，这时庄家往往向下打压股价使一部分意志不坚定的投资者出场。因此在走势图中，股价就呈现了波浪式向上运行的形态。那么散户在此时完全不必卖出手中的股票，不要被庄家向下打压动摇信心，而过早地卖出股票。相反，可以在波浪式运行图的波谷位置买进股票，这样可以谋求更大的利润。

【个股分析】

如图6.21所示的为西宁特钢日线图。股价在上涨中是波浪式上行的，当股价运行到谷底时便是跟庄者加仓买入的时机。

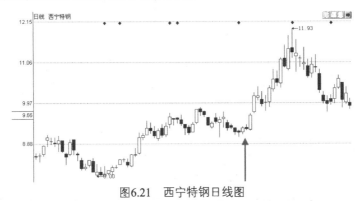

图6.21　西宁特钢日线图

如图6.22所示的为中科三环日线图。股价在大幅拉高的走势中，始终是波浪式上行的。每次股价运行到谷底都为跟庄者提供了一次加仓买入的机会。

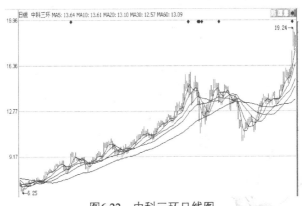

图6.22　中科三环日线图

6.3.5 庄家上扬式拉升，散户收入不菲

【庄家意图】

这种方式是指庄家直线向上拉升股价，在整个的上涨过程中基本没有出现大幅的回调迹象。因此没有买入股票的投资者此时可以进场跟庄。而原有已经跟庄持有股票的散户，此时耐心等待，未来定有不菲的收入。

【个股分析】

如图6.23所示的为联化科技周线图。从图中可以看到，庄家在拉升股价的过程中几乎是直线上扬的，中间基本上没有大幅回调，股价始终沿着短期均线直线上行。

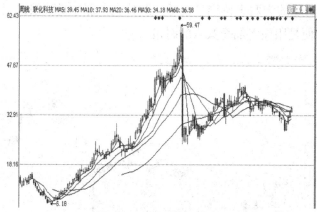

图6.23　联化科技周线图

如图6.24所示的为通产丽星周线图。股价从4.16元被拉升至22.00元，几乎是直线上扬的。跟庄者此时可以在短时间内获得不菲的收入。

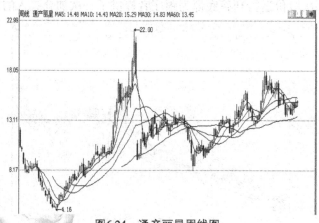

图6.24　通产丽星周线图

如图6.25所示的为大东南日线图。尽管股价在拉升过程中没有出现太大的高开或者大阳线，但也是直线上扬的，整体保持在短期均线上运行。

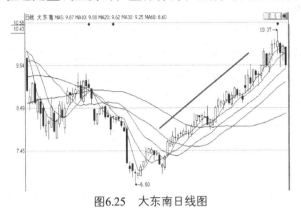

图6.25　大东南日线图

6.3.6　庄家缓慢拉升，散户不必心急

【庄家意图】

这种方式是指庄家在拉升的过程中持续的时间很长，可能长达数个交易日，甚至数月之久才将股价拉升至目标位。而大多的交易者往往经受不住如此时间的煎熬，中途便出场。这正是庄家不必采用向下打压便可获得的洗盘效果。而散户正确的做法是此时不必心急，坚持等待庄家向上缓慢拉升到顶部再卖出股票。

【个股分析】

如图6.26所示的为青岛双星日线图。股价从4.54元开始拉升，但是整个上涨过程是极其缓慢的，庄家每日拉升的幅度都不大，给人一种上升乏力的感觉，一些急性子的交易者此时会选择离场，这正合庄家心意，减少了跟庄者的数量。

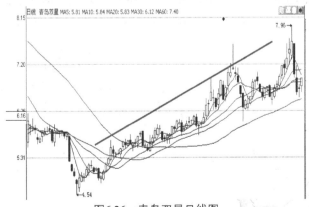

图6.26　青岛双星日线图

6.3.7 庄家剧烈震荡拉升，散户不必担心

【庄家意图】

这种方式是指庄家在拉升过程中始终保持股价大起大落剧烈震荡，总体趋势仍是向上的。但是，在如此剧烈震荡的过程中必然会有一些高位入场的投资者止损出场，庄家可以及时补充自己手中的筹码，逢低吸入更多的抛盘，为未来继续向上拉升做更大的准备。散户正确的做法是，不必担心如此剧烈的震荡，既然股价是呈向上运行的态势，则意味着庄家依然在拉升，向下的打压只是洗盘的一种方式而已。

【个股分析】

如图6.27所示的为浙江东方日线图。庄家在拉升过程中，股价虽然出现了大起大落的剧烈震荡行情，但是整体的运行方式是向上的。

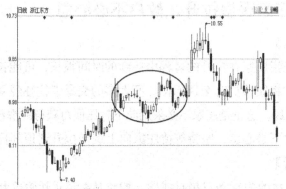

图6.27 浙江东方日线图

如图6.28所示的为飞亚达A周线图。尽管在拉升过程中出现了剧烈震荡，但是整体股价的运行方向依然向上，散户大可不必担心，继续持有股票必定可以获利。

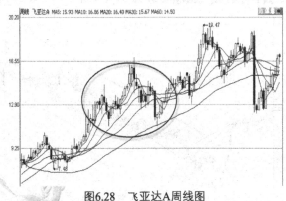

图6.28 飞亚达A周线图

第7章　庄家出货，散户获利了结

出货也是整个坐庄流程中的最后一步，庄家需要将庄面上的盈利转变为现实的盈利，而散户也应该在此环节卖出手中的股票进行获利了结。如果没有正确识别庄家已经出货，跟庄者继续等待未来的上涨，则原有的利润可能会化为乌有，甚至会严重亏损。

7.1 常见的庄家出货手段

庄家在坐庄的最后出货环节会采用不同的出货手段来蒙蔽散户,尽量不让散户发现庄家已经出货。因为出货是关系到庄家坐庄成败的核心环节,如果散户意识到庄家已经开始出货,可能就会提前卖出手中的股票,不会再吸纳庄家的抛盘。这将导致庄家最后出货的失败,致使整个坐庄失败。下面介绍常见的一些出货手段。

7.1.1 急速拉升后出货

【庄家意图】

短线庄家一般会在急速拉升后出货,因为庄家的资金有限,采用了快速拉升方法,等待几个交易日后有了一定的涨幅,就已经开始出货,卖出手中的股票。尽管对于长线庄家来说这些利润是微不足道的,但是对于一些资金较小的短线庄家来说,短期内的坐庄利润已经是非常可观了。而散户跟庄者如果在此时追高买入股票,等于是接到了庄家的产出和筹码,必然导致最终的亏损。

【个股分析】

如图7.1所示的为振华重工日线图。股价在短暂的拉升后便到了出货的环节,尽管此时的拉升空间仅仅在2元左右,但是这么短的时间内获得这样的利润也是非常可观的了。因此庄家此时迅速出货,股价也会一泻千里。

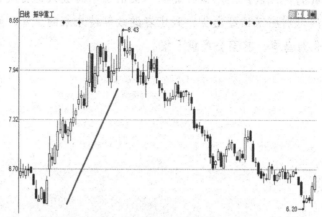

图7.1 振华重工日线图

如图7.2所示的为山东威达日线图。股价在急速拉升后,庄家出货完毕,股价随即以近乎直线的方式下跌,一连几个交易日都出现了跌停板。

图7.2 山东威达日线图

7.1.2 拉升的同时出货

【庄家意图】

由于庄家控制的筹码过多，势必会在出货环节造成一定的障碍。因此，庄家为了规避最后的风险，在拉升的中途已经开始了边拉边出货的方式，价格在此高位便会出现横盘或者震荡整理的形式。有一些散户交易者可能认为在此有一定的阻力，或者庄家在进行洗盘活动，而常常在此时逢低买入股票，其实他们此时买入的股票恰恰是庄家的出货。

【个股分析】

如图7.3所示的为浙江东方周线图。股价在接近最高点的时候出现了密集的盘整行情，这是庄家在出货，而散户却没有意识到危险的来临，纷纷追高进场。此时已经入场的跟庄者正确的做法应该是提前卖出股票，不能有贪心；没有入场的交易者此时也不能再进场跟进。

图7.3 浙江东方周线图

如图7.4所示的为广深铁路日线图。庄家因为持有的筹码数量过多,因此在最高点5.16元之前开始出货,走势图上出现了一段明显的盘整行情。

图7.4　广深铁路日线图

7.1.3　平台出货

【庄家意图】

庄家有时会在一些特定的横盘平台中卖出手中的一部分筹码,因为在横盘过程中有一些没有买入的散户此时会逢低买入等待未来横盘的突破。而庄家正是利用了散户的这种心理,在多个平台分批次卖出手中的股票。

【个股分析】

如图7.5所示的为杭钢股份小时图。庄家在两次横盘的过程中分批出货,尽管后一次的价位要低于前一次,但是全部出货后,整体的平均出货价依然是很高的。

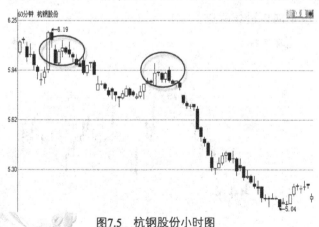

图7.5　杭钢股份小时图

如图7.6所示的为深深房A日线图。庄家在三个盘整区域内三次出货，这就是典型的平台出货方式，跟庄者在看到横盘整理后不能盲目进场做多。

图7.6　深深房A日线图

7.1.4　台阶出货

【庄家意图】

台阶出货与平台出货有一定的相似之处，它是在股价下跌过程中庄家做出多个平台，在每个平台分阶段进行出货。散户往往认为在下跌许久之后，出现了一个平台是止跌回升的迹象，因此纷纷买入手中的股票。庄家正是利用了散户了这种心理，将手中的筹码分批次地卖给散户，尽管价格已经处于下跌的趋势之中，但是当庄家卖出手中的全部筹码时已经有了大部分的盈利。

【个股分析】

如图7.7所示的为北辰实业日线图。庄家每次出货后都在股价下跌的过程中构建一个平台，当有散户认为价格过低而纷纷进场时，庄家在此出货，股价暴跌，轻而易举地击穿平台，于是庄家在下方再构建一个平台，如此反复几次，庄家就出货完毕，而进场的投资者此时负债累累。

如图7.8所示的为太极集团日线图。庄家在出货阶段制造了两个平台，每次都是暴跌击穿平台而完成出货。

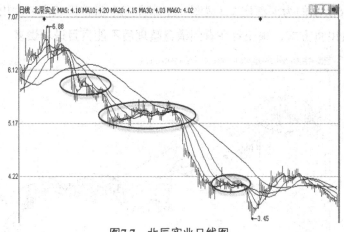

图7.7 北辰实业日线图

图7.8 太极集团日线图

7.1.5 利好消息出货

【庄家意图】

利好消息出货是指在此之前庄家已经完成了坐庄的拉升环节,当利好消息正式出台时,股民会因此而大量买入股票,而这正是给庄家制造了一个出货的绝佳时机。由于根据利好消息买入股票的散户众多,因此庄家很有可能一次卖掉手中的绝大部分筹码,原来的一次性出货难题在此也迎刃而解了。

【个股分析】

如图7.9所示的为凯迪电力日线图。当时该公司出台一些收购的利好消息时,庄家借机加速出货,当天就出现了大幅跳空低开的走势。

图7.9 凯迪电力日线图

7.1.6 下砸出货

【庄家意图】

一般来说,下砸出货对散户的损失非常大,庄家会在拉升到顶部突然快速下砸打压股票,并在此时卖出庄家的筹码。某只股票先前上涨过程一直十分抢手,因此股民往往不认为这是出货迹象,会在股价回调时买入股票,而这恰恰是庄家的出货方法之一。庄家完全利用散户逢低买入追涨的心态,将自己手中的筹码全部转入到散户手中。

【个股分析】

如图7.10所示的为深高速周线图。在庄家拉升股价的末期突然出现一根大阴线,此后股价一路暴跌,恐怕许多投资者还没清醒就已经处于亏损状态了。

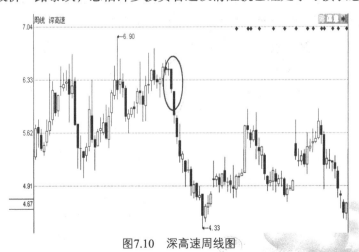

图7.10 深高速周线图

如图7.11所示的为沱牌舍得日线图。股价在被拉升到顶部后突然出现大阴线来下砸股价，庄家的突然出货方式会让许多跟庄者措手不及。

图7.11　沱牌舍得日线图

7.1.7　除权出货

【庄家意图】

如果庄家在将股票拉升到某一高位时，庄家可能已有了一定的利润。这时该只股票的上市公司如果出现送股或者配股，当这一工作完成后，因为除权的缘故股价会大幅下滑，会比除权前的价格有明显下降。于是散户和一些中小投资者会纷纷买入，抓取价格的底部，但庄家往往利用此时卖出手中的股票，将自己手中的筹码全部交给散户。

【个股分析】

如图7.12所示的为长江电力日线图。经过除权后，股价下跌了3元左右，一些散户往往利用股价的下挫来抄底，但是庄家也会利用这个时机出货。

图7.12　长江电力日线图

如图7.13所示的为太原重工日线图。该股在除权后，股价下挫了10元左右，如此大的差额空间，会让许多投资者进场，但是庄家会利用散户的心理将自己的筹码全部卖出。

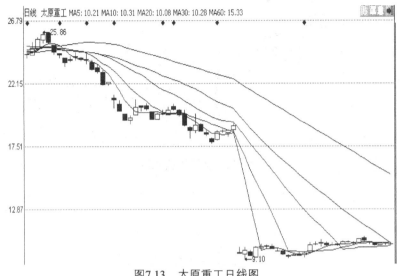

图7.13　太原重工日线图

7.1.8　小幅下跌出货

【庄家意图】

这种方式具有很强的迷惑性，因为庄家在出货之时，使股价的下跌幅度非常之小，而且每次在下跌即将结束后都有短暂的拉升。很多交易者往往会认为这是庄家的洗盘行为而并非最终的出货，从而使得股价继续小幅度向下运行。如此反复多次，认为庄家是在洗盘而加仓买入的投资者，或者逢低买入的股民就完全接受了庄家的抛盘。

【个股分析】

如图7.14所示的为新都酒店周线图。庄家在每次出货时都是让股价小幅下挫，而且之后出现小幅的拉升，让散户都认为这是在洗盘从而逢低买进，但是一次次地买入，却帮助庄家完成了出货。

如图7.15所示的为深桑达A周线图。庄家在每次的小幅下挫后都故意再次小幅拉升，以此来蒙蔽小型交易者，使更多的散户接住自己的抛盘。因此，这种方式出货是最令股民痛恨的。

图7.14 新都酒店周线图

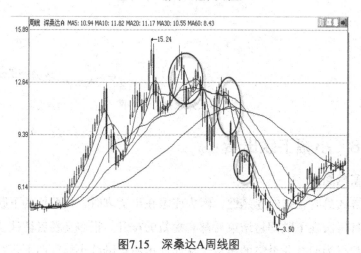

图7.15 深桑达A周线图

7.2 散户如何看出庄家已经在出货

  对于庄家来说，出货是直接关系到整个坐庄成败的关键。而对于跟庄者来说，能否及时看出庄家已经出货关系到跟庄的成与败。在此之前，跟庄的散户已经搭乘顺风车得到了更多的利润，也必须在恰当的时间卖出股票才能将利润转化为现实利润。但是如果散户不能得知庄家是否出货，等庄家真出货后散户才反应过来，意识到危机，往往已为晚矣。因此必须通过某些特征来判断庄家是否出货。

7.2.1 目标价位已到

【庄家意图】

如果庄家的目标价位已到,此时很有可能开始卖出手中的筹码。因此股民在选择跟庄之前,必须及时了解庄家的一些成本,待上涨幅度已经十分明显时,跟庄者应该心中有数,尽量在庄家出货之前卖出股票,避免损失。

【个股分析】

如图7.16所示的为沱牌舍得日线图。当股价达到27.00元左右时,拉升的幅度已经接近100%,已经到达了中短线庄家的目标价位,跟庄者一般可以在此时提前出场,获利了结。

图7.16 沱牌舍得日线图

如图7.17所示的为兰花科创日线图。当股价达到44.00元左右时,涨幅已经在30%左右,这一般是短线庄家首选的出场价位。

图7.17 兰花科创日线图

如图7.18所示的为太极集团日线图。股价达到11.00元的顶峰后，拉升幅度也在50%左右，这是短线和中线庄家出场的常见价位。因此跟庄者此时应该密切注视庄家的动作，尽早出场是最佳的选择。

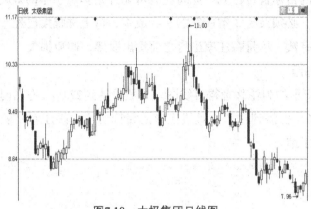

图7.18 太极集团日线图

7.2.2 利多消息配合

【庄家意图】

如果股价已经处于上涨很高的状态，此时又有很多的利多消息频传，那么散户一定要予以重视。因为这些消息往往是庄家故意放出来的烟雾弹，目的是让散户继续购买股票，接住庄家的抛盘。跟庄者此时切莫盲目认为股价仍然会看多，应该清醒及时获利了结。

【个股分析】

如图7.19所示的为万方地产周线图。为了配合庄家出货，该股中报业绩的炒作盛行一时，但是股价却应声下跌。

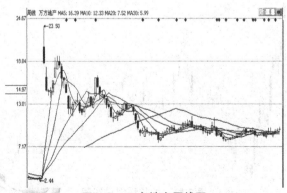

图7.19 万方地产周线图

7.2.3 跌破支撑位

【庄家意图】

跌破支撑位是庄家出货的一个明显标志,尽管此时价格可能已经不再是市场的顶部,但却是庄家出货的开始。当散户看到价格已经跌破支撑位后,应该清醒认识到庄家出货已经开始。如果此时散户卖出股票是可以大大避免损失的,散户在此时卖出股票是十分容易的,而庄家出货要持续相当长的一段时间,因为他们手中的抛盘太多,不可能一次性卖出所有的筹码。

【个股分析】

如图7.20所示的为证通电子日线图。股价在头肩顶颈线的附近波动许久,这就是庄家在出货。当庄家出货接近尾声,股价会一举击穿颈线。散户在颈线附近可以提前卖出股票,减少损失。

图7.20 证通电子日线图

如图7.21所示的为天威视讯日线图。此股票的走势也出现了一个头肩顶形态,但是该颈线是斜向上的。当股价突破颈线后,庄家的出货也就结束了。这种情况对于散户来说是有利的,因为颈线斜向上是接近最高价的。但是不能期望每次颈线都是斜向上的。如图7.22所示的为桂林三金日线图。该股的头肩顶颈线是向下倾斜的,这使得股价跌破颈线时更加远离最高价。但是如果散户不及时出场,未来的股价下跌幅度会更大,因为庄家已经出货完毕,早已离场了。

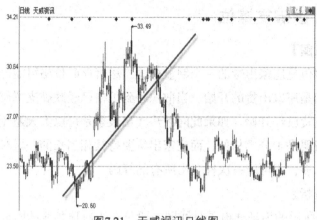

图7.21 天威视讯日线图

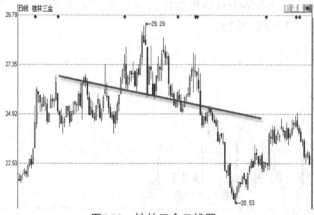

图7.22 桂林三金日线图

如图7.23所示的为*ST大地日线图。此头肩底是两个右肩，但是庄家出货完毕后，股价跌破颈线，一路跌停，没有卖出的跟庄者此时已经跟庄失败。

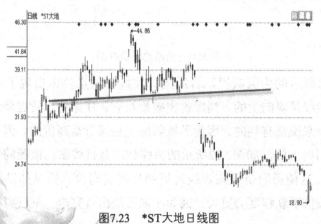

图7.23 *ST大地日线图

如图7.24所示的为山西汾酒日线图。此图中出现了一个双重顶,当股价最终突破颈线后,庄家出货完毕,此后股价直线下挫。

图7.24　山西汾酒日线图

7.2.4　与技术分析判断正好相反

【庄家意图】

K线图的走势出现了技术分析理论中应该上涨的形态或者组合,但是后市却没有上涨而出现了相反的下跌走势,这一定会引起散户或者跟庄者的注意。这有可能是庄家已经开始出货,阻止了价格的急剧上涨。

【个股分析】

如图7.25所示的为中江地产日线图。股价出现了一根大阳线,并形成了一个看涨吞没形态,而且此阳线还回补了之前的缺口,这都是做多的信号,多数散户都会考虑进场做多,但是庄家却利用这些技术分析得出的结论做出货活动。

图7.25　中江地产日线图

7.2.5 大阴线出现

【庄家意图】

如果在上涨的过程中出现了较大实体的阴线，一定会引起跟庄者的注意。因为庄家在出货初期可能是十分隐蔽的，但是在出货中后期为了卖出手中的股票，可能开始大单抛售，这时经常会出现一连串的阴线。跟庄者应该在此时卖出手中的股票，避免庄家继续抛售引起加速下跌。

【个股分析】

如图7.26所示的为深桑达A周线图。庄家在几次出货后，手中的筹码也几乎将要出尽，这时庄家大单砸盘，K线图中就出现了一连串的大根阴线。此时还没有出场的跟庄者必须出场。

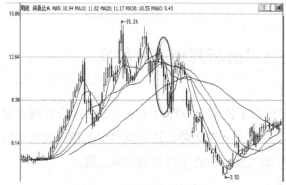

图7.26 深桑达A周线图

如图7.27所示的为中国石化日线图。庄家在股价达到14.35元的最高价之前，已经开始分批出货。当股价触及最高点后，庄家不再顾忌散户会发现庄家出货，而是一鼓作气将手中的筹码全部卖出，于是大根阴线频频出现。

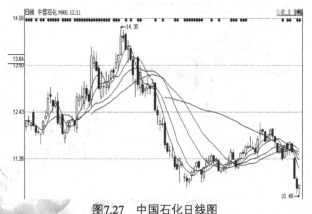

图7.27 中国石化日线图

7.2.6 放量下跌

【庄家意图】

一般来说,在股价上涨的初期应该有放量的出现,但是如果放量不但不涨反而下跌,这也有可能是庄家开始出货。因为在股价上涨之时,大幅度的成交量是推动股价继续上涨的原动力,所以只有继续上涨才是符合原理的。但是股价却反而下跌,这常常是庄家为了出货制造的成交量假象,迷惑跟庄者在高位继续追涨,接住庄家抛盘。

【个股分析】

如图7.28所示的为长江电力日线图。当股价运行到20.68元附近,成交量明显放大,但是股价却在下跌,这就是庄家出货的标志。

图7.28 长江电力日线图

7.3 出货的图表特征

庄家在出货时,在技术分析图表中也往往会留下一定的痕迹。通过技术走势图的分析,也可以及时察觉到庄家开始出货。

7.3.1 高开低走

【庄家意图】

在股价上涨到高位，如果出现了高开的迹象，散户交易者一定不要盲目乐观，因为此时追涨是有一定风险的。如果下个交易日出现了高开低走的现象，则一定要卖出手中的股票。因为这往往是庄家开始出货的特征，此刻跳空缺口是衰竭缺口，未来走势不仅不会上涨，而且会加速下跌。

【个股分析】

如图7.29所示的为长江电力日线图。股价达到23.82元的当天，比前一个交易日大幅高开。值得注意的是，此次大幅高开不仅没有上涨而是大幅下挫，而且成交量却在下跌时快速增大，这就是庄家出货的典型标志。

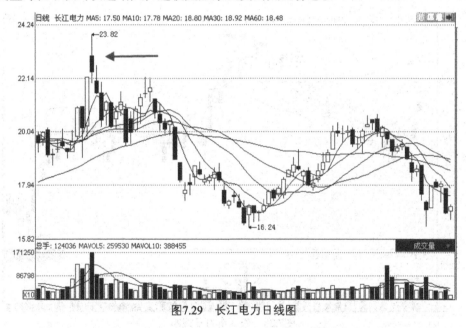

图7.29 长江电力日线图

7.3.2 打开跌停板

【庄家意图】

当庄家急于出货时，大幅砸盘使股价跌落到跌停板附近，这时庄家常常会少量买入一些股票，使跌停板小幅度地打开，制造股价可以继续上行的假象。许多散户认为此时是逢低买入的绝好时机，但无疑是帮助庄家又卖掉了手中的部分筹码。

【个股分析】

如图7.30所示的为广宇发展日线图。图中箭头指向的交易日当天出现了跌停,可见庄家出货时打压股价的程度很深。如图7.31所示的为该交易日当天分时图,从图中可以看到,庄家在跌停板位置几次打开,目的就是吸引更多的散户进行抄底。

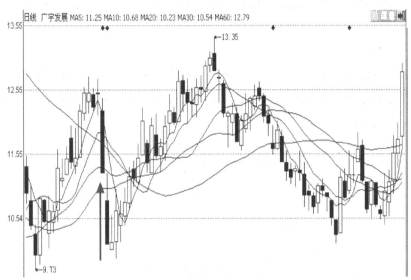

图7.30　广宇发展日线图

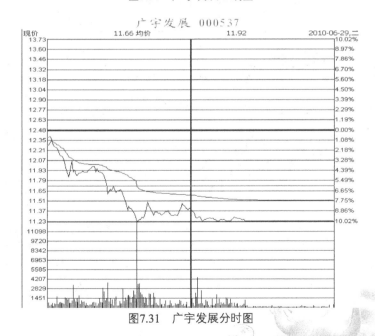

图7.31　广宇发展分时图

7.3.3 收盘前拉升

【庄家意图】

如果某个交易日出现了尾盘上升的态势,则一定要注意,有可能是庄家出货的标志。因为庄家出货时,常常会让盘面出现小幅度的上涨,使股民认为股票已经有止跌回升的迹象。这样可以使股民在第二天少量买入股票,接住自己手中的抛盘。

【个股分析】

如图7.32所示的为新赛股份分时图。股价在尾盘出现了一个明显的上涨,但这是庄家故意制造的假象,目的是让更多的投资者认为后市依然看涨。但真正的走势是直线下行的,如图7.33所示。

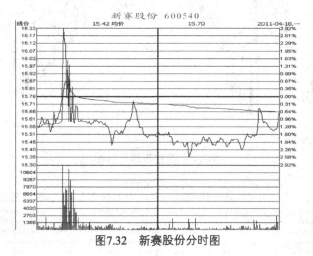

图7.32 新赛股份分时图

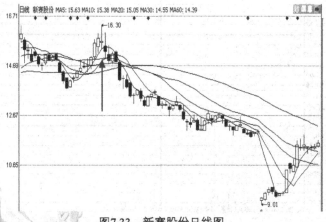

图7.33 新赛股份日线图

第8章　散户必须知道的庄家骗术

　　整个股票市场中充满了庄家与散户的博弈。散户要想尽办法了解庄家的意图，以便从中分一杯羹，因此想方设法寻找庄家留下的蛛丝马迹。而庄家为了避免坐庄失败，决不容忍更多的散户察觉到庄家的意图，因此会在整个坐庄的环节中制造各种各样的假象，来蒙蔽或者欺骗散户以及跟庄者。因此要想跟庄成功，必须要了解一些常见的庄家骗术。

8.1 庄家的技术分析骗术

更多的股票交易者是通过技术分析来得出买卖交易结论的，也就是说，技术分析在整个金融市场中占有决定性的优势。因此庄家也往往利用这一现象，利用自己控盘的优势，使技术走势图中发出一些虚假的交易信号。

8.1.1 技术关口

【庄家意图】

在股市中，一些常见的技术关口或者走势图中的一些重要阻力位都是散户所十分关注的。一般情况下，散户要等待股价成功突破了这些阻力位才会抱着看涨的态度继续买入股票或者新进买入股票。而庄家正是利用了这个交易心理，利用手中资金雄厚的优势，故意突破这些阻力位，使交易者产生一种错觉，认为向上的推动力十分强大，实际上，这些阻力位丝毫没有任何的压制作用。而此时散户会纷纷买入股票，这正好是庄家所希望的。等到有更多的买盘追涨进入市场时，庄家就会向下打压股价，形成一个洗盘的操作。这时一些恐慌散户会纷纷抛出股票，庄家就清除了一些跟庄者，而且还可以吸纳一些廉价的抛盘。

【个股分析】

如图8.1所示的为兰花科创日线图。当股价突破前期高点后，根据技术分析理论，后市应该向上运行，而且此次突破出现了一个向上的跳空，上涨的可能性应该更大。但是庄家故意拉高价格进行试盘，此后股价不仅没有上涨，而且大幅下跌。

8.1.2 技术形态

【庄家意图】

技术形态也属于技术分析中的重要组成部分，比如头肩顶、头肩底等形态都是技术分析者热衷关注的。当这些形态出现后，一般投资者会据此来买入或卖出股票。但是庄家会反其道而行之，利用手中大量筹码可以控盘的优势，使股价在高位出现可以买入的看涨形态，等待有跟庄者逢高追涨后，再大幅向下打压股价。

【个股分析】

如图8.2所示的为凤凰光学日线图。在下跌的过程中出现了一个头肩底形态，当庄家故意拉升股价突破颈线后，买入股票的散户都上当了。后市庄家继续打压股价，这仅仅是庄家的一次试盘而已。

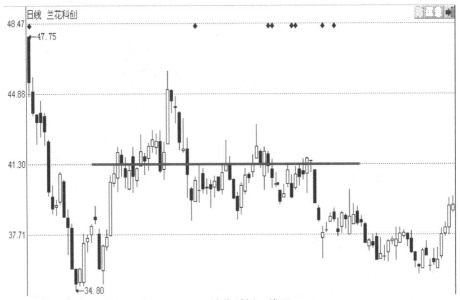

图8.1　兰花科创日线图

图8.2　凤凰光学日线图

如图8.3所示的为中南建设日线图。在上涨的图中，庄家故意制造了一个双重顶，迫使一些交易者提前出场，达到洗盘的目的。

第8章　散户必须知道的庄家骗术　199

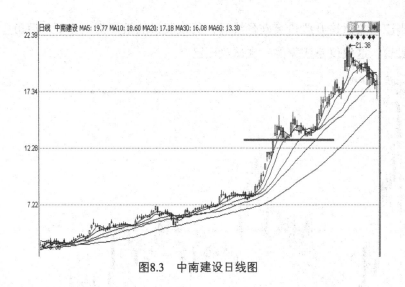

图8.3 中南建设日线图

8.1.3 上吊线骗术

【庄家意图】

K线组合是很多交易者的分析工具，庄家也常常会利用这一工具来蒙蔽交易者，让K线多次发出虚假的信号，造成交易者的频繁错误进出场。

【个股分析】

如图8.4所示的为东北电气日线图。图中的上吊线会让很多投资者出场，尤其是第二天的阴线更会迫使前一个交易日没有出场的交易者离场。而庄家仅仅通过这两个交易日就可以达到洗盘的目的。

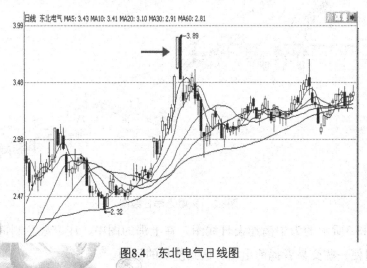

图8.4 东北电气日线图

8.1.4 锤子线骗术

【庄家意图】

锤子线是常见的买入信号,很多投资者会根据这个信号进场买入股票。但是庄家也知道这个原理,于是常常故意制造虚假的锤子线来引诱散户上当。

【个股分析】

如图8.5所示的为双鹤药业日线图。图中的一个锤子线是庄家试盘的产物,但是很多投资者会根据它来做出买入的决定,第二天的阳线通常会再一次引发一轮抄底热潮,但这都会被市场深深套牢。

图8.5 双鹤药业日线图

8.1.5 看涨吞没骗术

【庄家意图】

很多人认为,看涨吞没是比较准确的买入信号。因为第二天的实体很大,已经远远超过了前一日的阴线。但是实际上,庄家具有很强的控盘能力,因此很容易制造一个虚假的上涨交易日。

【个股分析】

如图8.6所示的为保利地产日线图。图中的看涨吞没形态会让许多散户进场做多,但是庄家经过试盘认为此时的承接能力不强,还需向下打压股价。

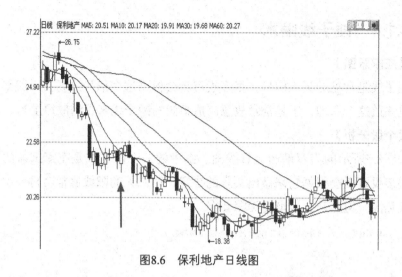

图8.6 保利地产日线图

8.1.6 看跌吞没骗术

【庄家意图】

看到看跌吞没形态,很多散户会感到恐慌,因为如此巨大的阴线已经吞没了之前的涨幅。但是散户应该清楚,庄家具有大量的筹码,故意向下打压几个交易日是轻而易举的。

【个股分析】

如图8.7所示的为宁波联合日线图。在上涨的图中,出现了一个看跌的吞没形态,这会导致许多交易者平仓,而庄家正是希望达到此种洗盘的效果,而后市却继续拉升。

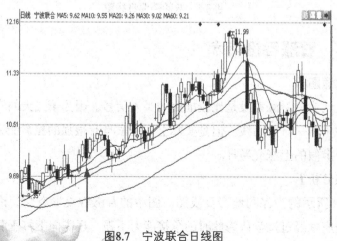

图8.7 宁波联合日线图

8.1.7 乌云盖顶骗术

【庄家意图】

乌云盖顶形态出现后，投资者可能会认为市场的顶部已经出现。因为股价在高开后，大幅走低，但是庄家就是利用散户的这种心理来进行洗盘的。

【个股分析】

如图8.8所示的为宁波联合日线图。股价在连续的拉升后，出现了一个乌云盖顶形态。这是庄家洗盘故意拉出的K线形态，目的是让交易者离场。

图8.8 宁波联合日线图

8.1.8 看涨刺入骗术

【庄家意图】

看涨刺入形态出现后，许多散户会认为市场的低点已经出现，股价开始上涨。但是庄家常常利用这个形态来进行试盘，真正的上涨行情还没有到来。

【个股分析】

如图8.9所示的为宁波联合日线图。图中出现的看涨刺入形态是庄家的一次试盘，目的是测试下方的承接能力。股民不能据此做出买入的决断，后市不仅没有上涨而是横盘下跌。

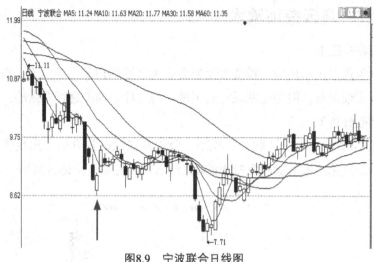

图8.9 宁波联合日线图

8.1.9 启明星骗术

【庄家意图】

启明星是常见的一个买入信号,但是庄家会故意制造这个形态来进行试盘,目的是测试下方的承接能力,看看是否可以拉升。

【个股分析】

如图8.10所示的为宁波联合日线图。图中出现的启明星形态是庄家试盘所为,此次试盘不仅测试了下方的承接能力,还可以达到一定的震仓效果。

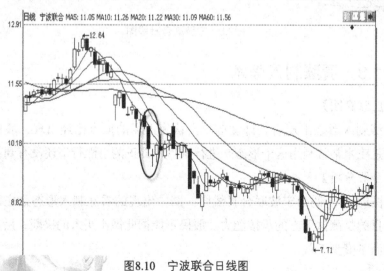

图8.10 宁波联合日线图

8.1.10 黄昏之星骗术

【庄家意图】

庄家在震仓时常会制造黄昏之星形态，因为投资者根据K线理论常常会认为市场已经到达顶部而纷纷离场，庄家的目的也就因此而达到了。

【个股分析】

如图8.11所示的为宁波联合日线图。庄家为了震仓故意拉出了一个黄昏之星形态，上当的散户必定会出场而丧失大部分的利润。

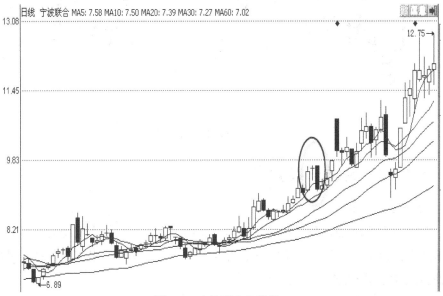

图8.11 宁波联合日线图

8.1.11 流星线骗术

【庄家意图】

流星线是庄家洗盘时最爱采取的手段。因为在股价的高位出现一根明显的上影线会让大多数投资者都认为上方的压力不小，其实这都是庄家故意砸盘造成的。

【个股分析】

如图8.12所示的为重庆路桥日线图。图中的一根流星线是庄家洗盘的一种结果，庄家在拉升过程中往往可以制造某个交易日的K线形态，这可以轻易地达到洗盘目的。

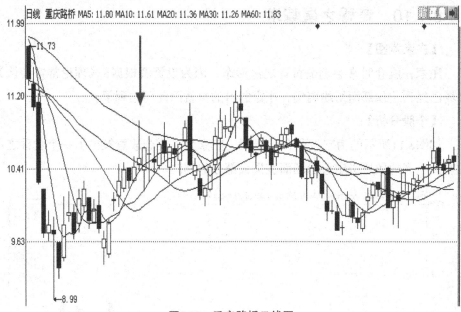

图8.12 重庆路桥日线图

8.1.12 倒锤子线骗术

【庄家意图】

倒锤子线骗术是庄家在出货时经常采用的一个手段。许多交易者在此时会根据K线理论而买入股票，但是实际上买入股票都是庄家的出货，也就是说散户在帮助庄家更快出逃。

【个股分析】

如图8.13所示的为宁波联合日线图。庄家为了更好出货，在出货时制造了一个倒锤子线，目的是让更多的投资者进入市场，接住庄家的抛盘。

8.1.13 MACD指标骗术

【庄家意图】

技术指标是每个交易者几乎都要用到的技术分析工具之一，而且有一部分技术分析人员十分偏爱技术指标。而庄家也会利用一些技术指标工具的缺陷来刻意制造技术指标而发出虚假信号，使投资者得出错误的交易结论。

【个股分析】

如图8.14所示的为中联重科日线图。图中在一次长时间的横盘洗盘中，

MACD配合庄家发出了死叉的信号,这会让更多的散户投资者提早出场。

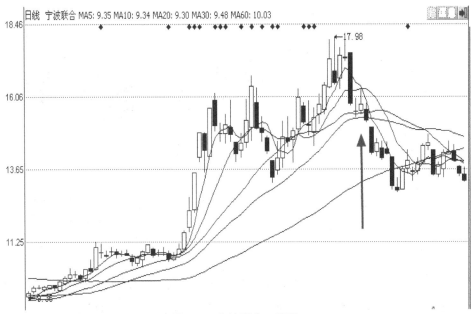

图8.13 宁波联合日线图

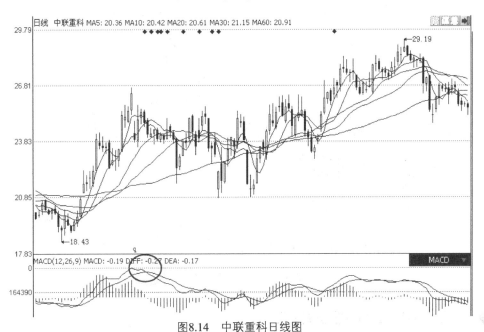

图8.14 中联重科日线图

如图8.15所示的为紫江企业日线图。MACD红柱穿越零轴发出了一个买入的信号,但是股价却在下跌,这实际上在配合庄家出货。

图8.15 紫江企业日线图

如图8.16所示的为吉电股份日线图。MACD在上涨中途出现了一个背离现象,但是庄家是以此来达到洗盘的目的,而并非真正股价将要翻转。

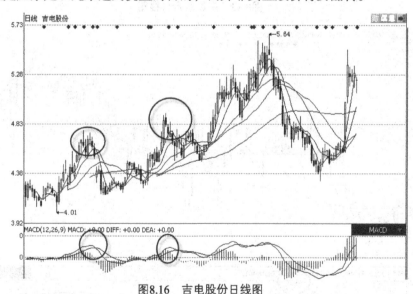

图8.16 吉电股份日线图

8.1.14 KDJ指标骗术

【庄家意图】

KDJ是股民常用的技术指标之一,因为它发出的买卖信号具有一定的超前性，但是庄家也知道这个原理，而且经常故意反其道而行之，以此来欺骗散户。

【个股分析】

如图8.17所示的为新希望日线图。庄家利用散户喜欢使用KDJ指标的特点，在上涨途中制造了多次的KDJ死叉，达到洗盘的效果。

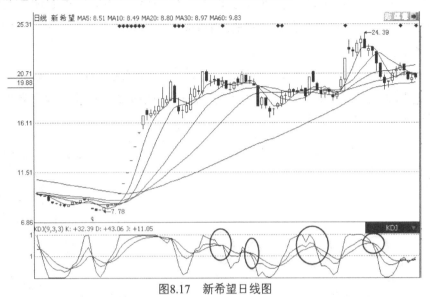

图8.17　新希望日线图

如图8.18所示的为天山股份日线图。庄家在拉升之处制造了KDJ的超买信号，使得许多跟庄者没敢跟风入场，大大减少了跟庄者的数量。

图8.18　天山股份日线图

8.1.15 RSI指标骗术

【庄家意图】

RSI是短线交易者最喜欢使用的技术指标,有短线指标之王之称。但是庄家在坐庄的整个过程中都会故意制造RSI指标的虚假信号来达到一定的目的。

【个股分析】

如图8.19所示的为云南铜业日线图。庄家为了达到洗盘的目的,在大幅拉升的过程中故意制造了多个RSI指标的死叉,根据RSI指标进行分析的投资者肯定会在中途出场。

图8.19　云南铜业日线图

如图8.20所示的为天山股份日线图。庄家利用了RSI指标的超买信号,进行了拉升环节中的洗盘。不少跟庄者会看到RSI一直处于超买区而不敢继续持有股票而中途离场。

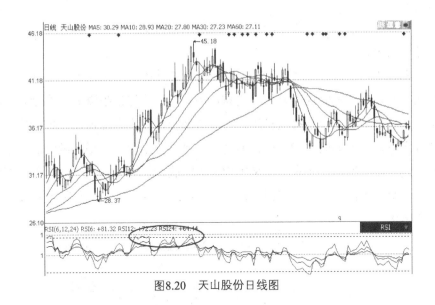

图8.20 天山股份日线图

8.2 庄家常用的行情走势骗术

在股市处于上涨或者下跌的行情中,庄家常常也会采用一些骗术来蒙蔽跟庄者,使跟庄者直接对行情的走势做出相反的判断。

8.2.1 轧空诱多

【庄家意图】

这种方式是庄家在推升股价的过程中,拉升速度十分缓慢,但是每拉升一段距离后均有大幅度的向下打压,与之前的拉升过程相比,股价下滑的速度要更大。跟庄者可能会有行情是下跌而并非上涨的错误观念,而此后庄家会再打压至一个低点时继续向上拉升,认为是下跌行情的交易者此时可能再次进场做多。庄家在继续缓慢拉升后采取同样的方法继续大幅度降价打压,于是又有一部分交易者认为行情是下跌的而并非上涨,如此反复几次会导致交易者纷纷出场。

但是每次出场后,庄家继续推升股价,此时会有更多的交易者认识到行情就是上涨的状态,于是纷纷买入股票。等待庄家拉升到最高位附近时,迅速向下打压股价,此时依然会有更多的交易者买入股票,因为之前在上涨的过程中已经出现了多次的股价下跌,而此后股价都出现了上涨状态。而此打压往往是庄家已经开始出货，这是最后一次股票的下跌，此后不会再次拉升。

【个股分析】

如图8.21所示的为特尔佳日线图。庄家在拉升股价的过程中是十分缓慢的，而且在拉升途中还不时快速打压，之前认为是行情上涨的投资者可能会认为行情看空，而纷纷离场。但是每次打压后，股价都会被庄家在此拉高，这就使得投资者认为走势是向上的而不能看空，但这实际上是庄家为出货提前做的准备。当股价拉升到一定高度后，庄家会大量出货，此时股价也会大幅下跌，但是根据前面的规律，跟庄者认为后市庄家还会拉升，而纷纷抄底买入，但实际上是在帮助庄家更快离场。

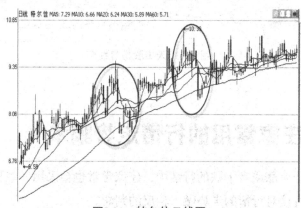

图8.21　特尔佳日线图

如图8.22所示的为民和股份日线图。庄家在拉升过程中故意打压股价，但是此次打压的幅度远远超过了上面的特尔佳例子中的幅度，这会诱使不少投资者进场做多，为庄家出货接盘。

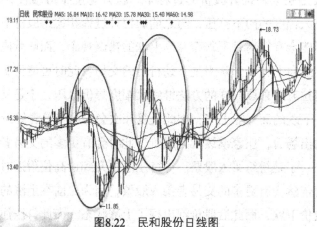

图8.22　民和股份日线图

8.2.2 轧多诱空

【庄家意图】

轧多诱空是在股价已经处于下跌过程中，庄家可能有意地向上小幅拉升，这时一些跟庄者往往认为庄家已经开始建仓，或者股价已经处于极度下跌状态，将要止跌回升，于是纷纷抄底，但是股价依然继续下跌，于是已经买入的交易者此时已经被套牢。等再下跌一段距离再次出现向上拉升的迹象，此时未买入的交易者有可能再次逢低吸纳，而之前买入的交易者此时可能期望自己的套牢股票被解套。但常常是事与愿违，股价再次在反弹后继续下跌，于是之前买入股票的交易者已经全部被套牢。

【个股分析】

如图8.23所示的为宁波联合日线图。股价在下跌的过程中，庄家故意小幅拉升，迫使交易者认为股价已经到底，可以进场做多。但是每次进场都是被市场套牢，一些投资者经不住亏损的折磨就会卖出股票，于是庄家就轻而易举地获得了廉价的筹码。

图8.23 宁波联合日线图

如图8.24所示的为保利地产日线图。庄家在打压股价的过程中，曾经多次小幅拉升，这都会诱导大量的交易者提前进场做多而被市场无情地套牢。

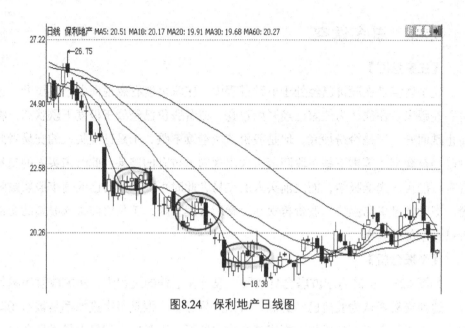

图8.24 保利地产日线图

8.3 成交量骗术

在股市中除了价格是重要的数据之一，成交量的重要性也是人尽皆知的。而庄家也常常要在成交量上做一定的文章来蒙蔽交易者。

8.3.1 无量下跌

【庄家意图】

庄家常常在股价下跌之时制造成交量极度低迷的状态，使投资者误以为价格已经接近市场的底部。于是有一些投资者纷纷在此进场，而庄家会继续将价格向下打压，使市场上新低不断出现，于是投资者抄底的愿望纷纷破灭。割肉止损出场的投资者越来越多，而庄家正是利用此机会完成建仓的操作，可以以更低的成本吸纳足够的筹码。

【个股分析】

如图8.25所示的为用友软件日线图。股价在下跌之时，成交量出现了低迷的情况，这会让交易者认为后市依然下跌，行情依旧看淡。于是纷纷离场观望，但是庄家正在这个阶段悄然进场建仓，散户的抛盘全部进入了庄家的手中。

图8.25 用友软件日线图

如图8.26所示的为大连热电日线图。庄家利用了无量的下跌,制造了悲观的气氛,导致许多投资者不敢进场,也同时导致许多亏损的交易者割肉出场,但庄家自己却在隐蔽地吸筹。

图8.26 大连热电日线图

8.3.2 无量上涨

【庄家意图】

股价刚刚走出市场的底部，成交量经常会出现低迷的状态。因为此时的大部分筹码已经被庄家所控制，而一些没有割肉的交易者经过了长时间的套牢，此时定然不会止损出场。因此，实际上新资金介入市场的数量并不十分多，而观望的人员占绝大部分。成交量上出现低迷的状态，这也是庄家所希望见到的一种情况，因为这样更有利于庄家继续吸纳筹码。当成交量出现放量，股价开始向上拉升之时，庄家就完成了建仓的工作。

【个股分析】

如图8.27所示的为贵州茅台日线图。庄家在市场底部制造了低迷的成交量假象，给人以上涨缺乏成交量推动的假象。庄家在此阶段不仅可以继续吸筹建仓，而且此阶段的拉升基本上不会有阻力，也没有太多的跟庄者。

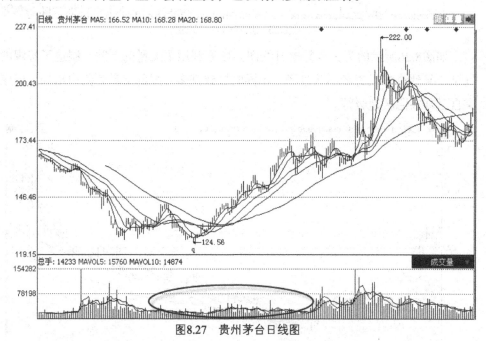

图8.27 贵州茅台日线图

如图8.28所示的为合兴包装日线图。庄家在拉升之初，成交量一直非常低，这也是大部分筹码掌握在庄家手中造成的，庄家故意隐蔽的拉升并继续建仓，目的是不让更多的跟庄者入场。

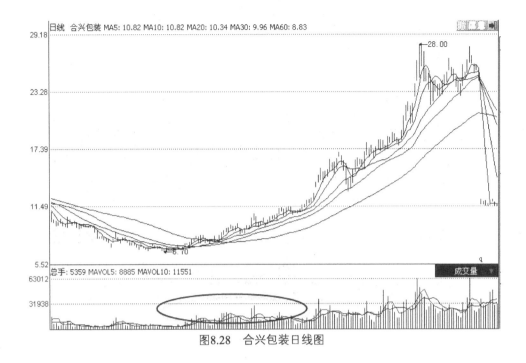

图8.28 合兴包装日线图

8.3.3 量价背离

【庄家意图】

量价背离是指股价在上涨途中成交量和股价出现了截然相反的走势，股价可能向上缓慢爬升，但成交量却出现了递减的状态。而一般投资者会认为此时多头力量不足，没有足够的买盘推动股价继续上行，股价有可能转向下跌，于是纷纷卖出手中的股票。实际上，这完全是庄家制造的成交量假象，也是一种震仓的方式，其最终目的就是在继续大幅度向上拉升之前，使更多的交易者或者跟庄者出场。

【个股分析】

如图8.29所示的为金岭矿业周线图。庄家在拉升过程中故意使成交量出现下降的走势，使得投资者认为行情即将转向，多头已经能量衰竭，其实这只是庄家洗盘的手段之一。跟庄者正确的做法是继续持有股票，等待股价继续上涨。

如图8.30所示的为陕天然气周线图。庄家在拉升的图中也制造了量价背离的走势。投资者切莫上当，过早地卖出股票，应该大胆地继续持有，谋取更多的收入。

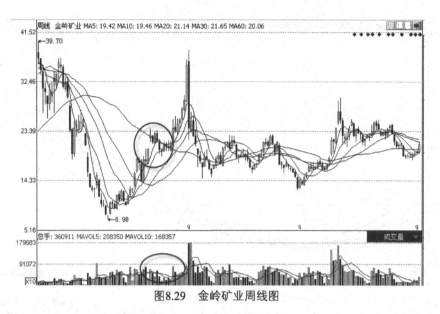

图8.29 金岭矿业周线图

图8.30 陕天然气周线图

8.3.4 顶部放量大阳线

【庄家意图】

在股价处于一个较高的价位之时,如果出现了一根大阳线,而且伴随着此阳线的出现成交量有明显的放大,多数人会认为这是看多的表现,而且说明多方力量十分强大,有更多的买盘推动着价格会进一步向上运行,更多的主力在进场。

实际上这种想法完全是错误的，这种形态通常是庄家出货的最好时机。如果没有庄家大量的抛盘出现，此时也不会有如此多的买入者。

【个股分析】

如图8.31所示的为伟星股份日线图。股价在一根跳空大阳线达到了最高价，成交量出现了巨量配合，但是庄家正是利用了这个时机进行出货的。

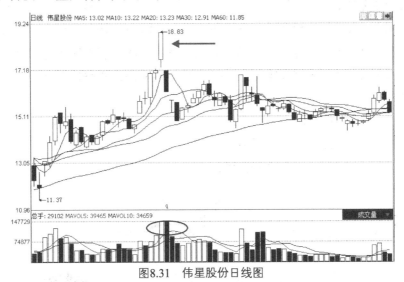

图8.31　伟星股份日线图

如图8.32所示的为民和股份日线图。庄家利用了大阳线配合巨量开始出货。跟庄者一定要清醒地意识到，在几个涨停板后的巨量大阳线是风险很大的。此时的巨大成交量必定要有巨大的抛盘，这往往就是庄家出货造成的。

图8.32　民和股份日线图

8.3.5 顶部放量小阳线

【庄家意图】

在市场顶部附近如果成交量极度放大，但是股价却收成了一根小阳线，这也是庄家故意而为，此种情况多是庄家出货造成的。

【个股分析】

如图8.33所示的为双环科技日线图。股价在10.11元达到高点，当天收成了一根小阳线且伴有长长的上影线，成交量极度增大。跟庄者不能认为如此巨大的成交量完全可以推动股价再创新高，因为庄家往往利用散户普遍具有的这个心理开始出货。

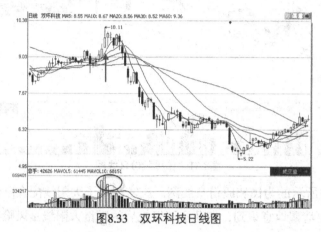

图8.33 双环科技日线图

如图8.34所示的为大冶特钢日线图。市场顶部的阳线尽管成交量极大，但是在创出新高的同时也留下了长长的上影线，这就是庄家出货的标志。散户跟庄者此时不可贪心，必须离场。

图8.34 大冶特钢日线图

第9章　庄家操盘的典型盘口分析

庄家在操盘时总是试图隐藏行迹，不让散户看清自己的目的。其实无论他们怎么隐藏，股票的买卖信息都摆在那里，只要散户认真观察，还是能看出蛛丝马迹的。本章针对20多个典型的盘口K线进行解读，帮助散户看懂庄家意图。

9.1 跳高一字线后不补缺

【形态描述】

个股在当日出现涨停开盘、涨停收盘的，呈现出"一"字走势，并且在随后的若干个交易日中并没有向下回补缺口。具体来说，这种跳空一字形态可以分为两种。

第一种是涨停开盘、涨停收盘、全天不开板的无量"一"字形态，这种激进的价格走势多因重大利好消息所致。因利好消息的性质不同，个股连续出现跳空"一"字板数量也不尽相同。在连续"一"字涨停之后，当个股打开涨停板时，其走势也呈强势横盘形态，全无向下回补"一"字涨停板所留下的缺口。这种"跳高一字线后不补缺"的形态往往是主力资金在涨停板打开之后强势护盘的体现，一般来说，它是主力资金再度将个股拉升一成的体现，此时可以用适当的仓位进行短线操作，以分享主力短期拉升的成果。

【个股分析】

图9.1为星马汽车（600375）2009年8月5日至2010年4月6日期间走势图。此股在2009年11月30日公布了重大资产注入事项："星马汽车拟以不低于8.18元/股非公开发行约2.05亿股，收购华菱汽车。华菱汽车作为国家重型载货车重点生产企业，在2008年生产各类重型载货车及底盘1.28万辆，实现总产值28.1亿元的基础上，力争到2011年重型载货车达到3万辆，销售收入50亿元。重点发展中重型载货车及配套的发动机、车桥等关键零部件。"

这项资产注入方案对于上市公司来说是重大利好，随之，此股展开连续无量的"一"字涨停板走势。在这种连续"一"字板走势之后，此股处于明显的高点区，但是个股却没有在获利抛盘的抛压下而出现了大幅回调、向下补缺口的走势，而是呈现出强势的盘整走势。这说明主力短期内并无出货意图，随后仍有意强势拉升个股，此时可适量买股进行短线参与。

第二种是涨停开盘、中盘开板、尾盘再度封板的带量"一"字板形态，这是多空双方激进交锋的体现。虽然空方抛压较重，但个股在当日仍旧强势封涨停、且在随后的交易日中也没有向下回补缺口。这种"跳高一字线后不补缺"的形态更常见的盘整后的突破初期，是主力资金在快速拉升个股前进行大力度加仓的体现。如果个股处于中长线的相对低位区，则此时不仅是好的短线买股时机，它还是好的中长线买股布局时机。

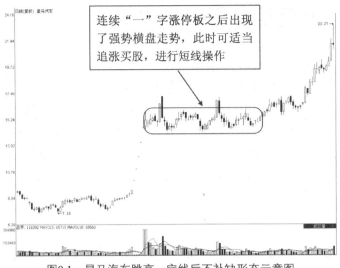

图9.1 星马汽车跳高一字线后不补缺形态示意图

图9.2为中金黄金（600489）2008年9月19日至2009年4月29日期间走势图。此股在低位区经历了长时间的震荡之后，出现了一个涨停板开盘、盘中开板、收盘再度封板的跳高一字线。且当日的量能相对放大，个股在整体走势上呈现盘整突破上行状，在这一涨停板之后的随后几日中，个股呈强势盘整形态，这正是本节中所讲解的"跳高一字线后不补缺"形态。由于此股还处于中长线的相对低位区，因而，这种"跳高一字线后不补缺形态"还是主力强势拉升个股的最初信号，也是进行中短线买股布局的好时机。

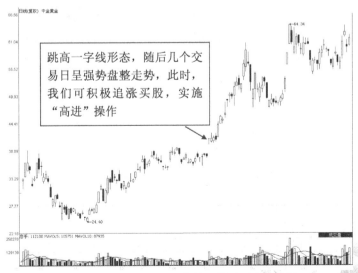

图9.2 中金黄金跳高一字线不补缺形态示意图

9.2 盘整后大阴破位缺口

【形态描述】

个股在持续上涨后高位区出现了盘整震荡走势，或是在下跌途中出现了盘整震荡走势。随后，随着盘整震荡走势的持续，出现了一根向下跳空破位大阴线。这种形态说明个股的前期盘整区域是属于空方力量蓄势的区域，而这个盘整后阶段性低点的破位缺口大阴线形态就是空方力量开始发起攻击的信号。如果没能在前期的盘整区卖股离场，则此时就应及时卖股离场，以规避个股随后的快速下跌走势。

【个股分析】

图9.3为浦发银行（600000）2007年2月至2008年4月期间走势图。此股在持续上涨后的高位区出现了长时间的盘整走势，随后出现了一个向下破位的大阴线缺口（如图中箭头标注所示）。这是空方力量开始集中释放的标志，也是个股将破位下行的信号。此时应及时地卖股离场，因为这种大涨后高位区所出现的盘整后大阴缺口往往是趋势反转、快速下跌行情展开的信号。

图9.3 浦发银行盘整后大阴缺口形态示意图

图9.4为新湖中宝（600208）2008年1月31日至9月11日期间走势图。此股在经下跌途中的盘整震荡之后，出现了一个向下破位的大阴线缺口形态。这说明空方力量依旧占据了明显的主导地位，是不宜过早抄底入场的信号。

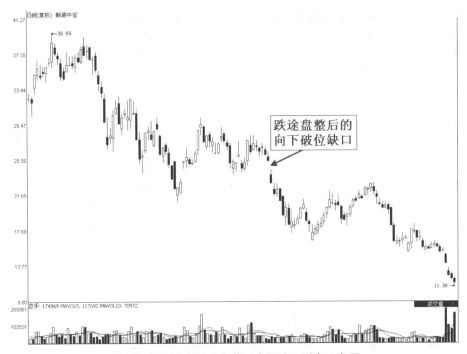

图9.4　新湖中宝跌途盘整后大阴缺口形态示意图

9.3　单日涨停突破后的强势横盘

【形态描述】

个股在前期出现了较长时间的盘整走势，随后，以一个单日涨停板的形成实现突破。但是在这一日之后，此股并没有快速突破上行，而是于涨停板之后出现了强势的横盘走势。

这种形态多是主力资金在阶段性高点进行快速洗盘的体现，涨停板突破之后，个股处于全盘获利的状态下，但个股在停止上涨后的获利区却并没有在获利抛压下而出现明显的回调。这是主力控盘能力较强的体现，也是主力随后仍有意强势拉升个股的信号。如果个股的前期累计涨幅较小，则这一结论将更为可靠。

【个股分析】

图9.5为广州药业（600332）2009年6月2日至11月23日期间走势图。此股在相对低位区出现了长期的横盘整理走势，随后，以一个单日涨停板的形态实现突破。并且在这一个涨停板之后，此股呈强势盘整走势，这种形态就是本节中所介绍的"单日涨停突破后的强势盘整"形态。在个股涨停突破后的强势盘整走势中，可以进行积极的"高进"操作，即短线买股操作。

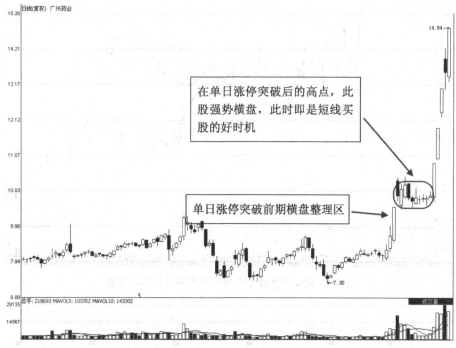

图9.5　广州药业单日涨停突破后的强势横盘形态示意图

9.4　高档窄幅震荡后的放量大阳线

【形态描述】

个股在持续上涨后的高位区出现了窄幅震荡的整理走势，且股价重心仍有上移倾向。随后，个股出现了单日大幅放量的阳线形态，这一放量大阳线使得个股呈突破上行的态势。

这种形态是经整理走势后主力资金有意强势拉升个股的信号。此时可以积极地参与短线做多操作，即实施"高进"操作。

【个股分析】

图9.6为安徽水利（600502）2009年1月20日至7月28日期间走势图。此股在持续上涨后的阶段性高点出现了窄幅整理走势，且股价重心略有上移。如图中标注所示，此股在随后出现了一个放量大阳线形态，这是个股将突破上行的信号，此时可以进行积极的短线追涨操作。

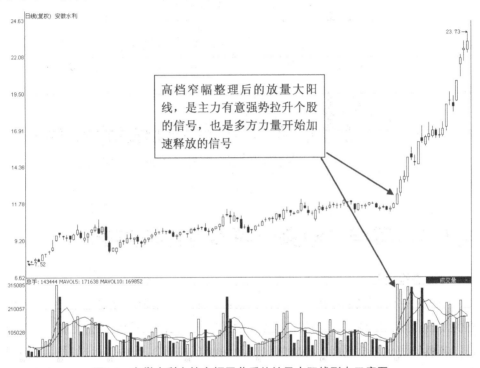

图9.6 安徽水利高档窄幅震荡后的放量大阳线形态示意图

图9.7为新华锦（600735）2008年12月29日至2009年8月5日期间走势图。此股在持续震荡上扬的高档区，先是出现了窄幅的整理走势，在整理走势过程中，可以看到股价重心略有上移，这是多方力量占据主动的标志。随后，一根相对放量的大阳线使得此股创出了新高，并使得其呈现出突破上行的态势。这根放量大阳线可以看作是主力资金有意强势拉升个股的信号，此时可以积极地买股做多，以分享主力拉升。

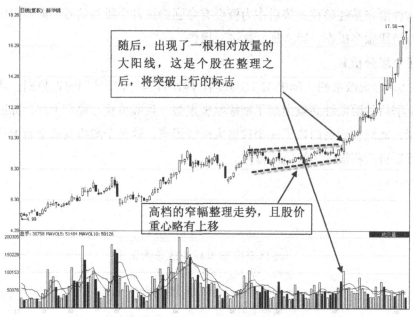

图9.7 新华锦高档窄幅震荡后的放量大阳线形态示意图

9.5 高档二阳夹一阴多方进攻形态

【形态描述】

个股在一波上涨走势初期,或是在突破盘整后的初期,此时的个股处于阶段性的高点,并且出现了"阳线—阴线—阳线"的二阳夹一阴的组合形态。一般来说,两根阳线当日会出现了相对放量,而阴线当日则会出现相对的缩量。这种形态是多方有意发动攻势的信号,也是庄家短期内做多意愿较强的体现。在实盘操作中,可以积极地追涨买股,实施"高进"操作。

【个股分析】

图9.8为金钼股份(601958)2009年4月16日至8月5日期间走势图。此股在突破盘整区后的阶段性高点,出现了二阳夹一阴的多方进攻形态。在前后两根大阳线当日,可以看到个股的量能出现了相对的放大,这是买盘充足且积极推升股价的表现。在中间的阴线当日,成交量则相对萎缩,这是获利抛压相对较轻的表现,也是庄家控盘力度相对较强的信号。在这一形态出现后,可以积极地进行短线买股操作。

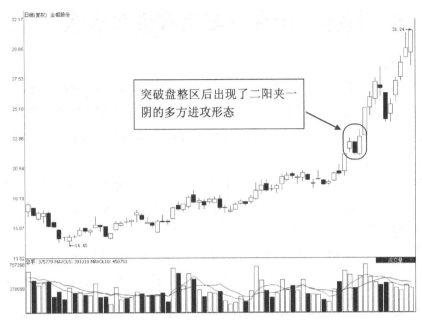

图9.8 金钼股份突破盘整区后的二阳夹一阴多方进攻形态示意图

图9.9为金钼股份（601958）2010年1月27日至10月14日期间走势图。此股在低位区开始了一波上涨走势，在上涨走势初期，此股出现了一个形态鲜明的二阳夹一阴形态。这是庄家开始反击的信号，此时可以积极地买股做多。

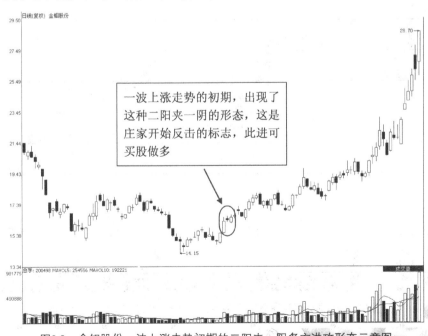

图9.9 金钼股份一波上涨走势初期的二阳夹一阴多方进攻形态示意图

第9章 庄家操盘的典型盘口分析 229

9.6 低档二阴夹一阳空方进攻形态

【形态描述】

个股在跌破盘整后的初期或是在一波快速下跌途中,此时的个股处于阶段性的低点,并且出现了"阴线—阳线—阴线"的二阴夹一阳的组合形态。一般来说,两根阴线的实体相对较长,这是空方抛压沉重的标志,而阳线当日的实体则相对较短,这说明多方无力反击。

这种形态说明空方依旧完全占据着主导地位,是个股短期内仍旧会继续下跌的信号。此时不宜进行短线抄底操作,若手中持个股,应减仓或清仓。

【个股分析】

图9.10为安泰集团(600408)2009年11月24日至2010年2月1日期间走势图,此股在此期间处于震荡下跌走势中。可以看到在震荡下跌的过程中,此股多次于阶段性的低点出现这种二阴夹一阳的空方攻击形态。这说明空方依旧牢牢地占据着主导地位,此时并不是抄底买股的时机。

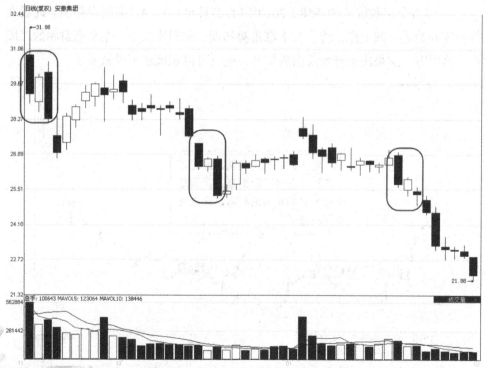

图9.10 安泰集团震荡下跌走势中二阴夹一阳空方进攻形态示意图

图9.11为上海机电（600835）2009年11月26日至2010年7月2日期间走势图，此股在下跌途中盘整后的低位区出现了二阴夹一阳的空方攻击形态。这是空方力量再度占据明显主导地位的体现，也预示着破位下行走势将再度展开，此时应卖股离场。

图9.11 上海机电跌途盘整后的二阴夹一阳空方进攻形态示意图

9.7 高档红三兵形态

【形态描述】

个股在上升途中出现横盘震荡走势，此时个股的前期累计涨幅不大。随后，在盘整突破区或盘整震荡中的相对高点，出现了连续三日的中小阳线形态，这使得个股有突破盘整走势、向上运行的迹象。

在这种形态中，红三兵的出现往往还会伴以成交量的温和放大。这说明多方力量正在逐步加强，是多方力量渐强的信号。当然，也是个股随后极有可能突破上行的标志。此时的个股虽然处于阶段性的高点,但从中长线的角度来看,这一区域仍是一个相对低位区。因而,多方做多的可能性大大提升,此时可以买股布局。

【个股分析】

图9.12为中海油服(601808)2010年8月4日至11月16日期间走势图。此股在低位区的横盘走势之后,出现了连续三根温和放量的中小阳线形态。这是庄家有意拉升个股的信号,此时可以积极地买股布局。

图9.12 中海油服高档红三兵形态示意图

图9.13为S仪化(600871)2010年7月1日至11月9日期间走势图。此股在上升途中累计涨幅较小的低档区域出现较长时间的盘整走势,随后一个温和放量上扬的红三兵形态呈现出来。这是多方力量蓄势待发的表现,也是个股将突破上行的信号,此时可以买股布局,进行短线操作。

图9.13　S仪化高档红三兵形态示意图

9.8　低档黑三鸦形态

【形态描述】

个股在持续上涨后的高位区出现了盘整震荡走势，或是在下跌途中出现了盘整震荡走势，随着震荡走势的持续，股价重心开始下移。当个股达到盘整区的箱体下沿位置处时，出现了连续三根中小阴线的形态。此外，在下跌途中一波反弹后的再度下跌时，若出现这种连续三根中小阴线的形态，也属于低档黑三鸦形态。

这种形态是个股下跌途中盘整走势结束或是反弹走势结束的信号，也是市场中的空方力量依旧占据主导地位的体现，预示着新一轮的破位下跌行情即将展开，此时的个股虽然处于阶段性的低点，但若从中长线的角度来看，这种阶段性的低点也许仍是很高的位置区。此时不宜恋战，应尽早卖股离场。

【个股分析】

图9.14为龙建股份（600853）2008年3月5日至9月5日期间走势图，此股在下跌途中出现了一波反弹走势。随后，在反弹走势结束后的阶段性低档区（如图中箭头标注所示），此股出现了连续三根中小阴线的黑三鸦形态。这是空方力量牢牢占据主导地位的体现，此时应及时卖股离场。

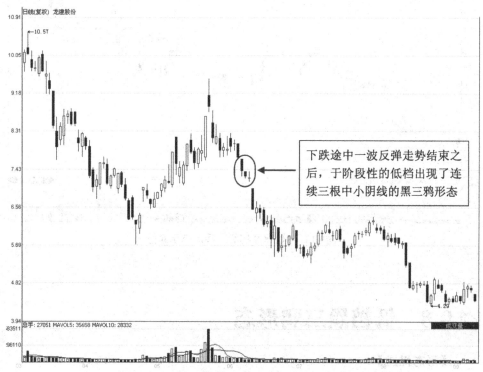

图9.14　龙建股份下跌途中反弹走势结束后的低档黑三鸦形态示意图

图9.15为ST安彩（600207）2009年1月15日至9月29日期间走势图。此股在高位区出现震荡走势，并且在箱体震荡区的下沿位置处出现了一个连续三根中小阴线的黑三鸦形态。这说明经过持续的箱体震荡，空方已积蓄了足够的能量且目前正处于主导地位。这预示着个股很有可能破位下行，是高位区卖股出局的信号。

图9.15　ST安彩高位盘整区的低档黑三鸦形态示意图

9.9　跳空攀升线

【形态描述】

跳空攀升线是一种双日K线组合形态,第一根K线是一个跳空高开高走的大阳线,且多有量能放大支撑,第二根K线沿袭了强势上涨的势头,仍旧呈现出大阳线形态。一般来说,这种形态多出现在盘整突破区,或是一波上涨走势的初期,是庄家短期内有意强势拉升个股的信号。

在运用这种形态时,第二根阳线是判断的重要依据,因为很多庄家往往惯于使用诱多的操盘手法,仅从第一根跳空高开的大阳线,往往难以准确地判断庄家是否有强烈的拉升意愿。而第二根平开高走或高开高走的大阳线,就是庄家短期内强势拉升个股的可靠信号。当然,这也是空方抛压无力阻挡多方强攻的显著标志。

【个股分析】

图9.16为泰豪科技（600590）2008年9月8日至2009年4月20日期间走势图。此股在突破相对低位的盘整区时，是以一个跳空向上的大阳线为标志的。次日，此股平开高走，很好地保住上一交易日强势突破的成果，这种形态就是本节中所讲解的跳空攀升线。它是庄家开始强势拉升个股的信号，此时虽然个股在阶段性的高点，但从中长线的角度来看，此股仍处于相对低位区，后期仍有充分的上涨空间，可以追涨买股。

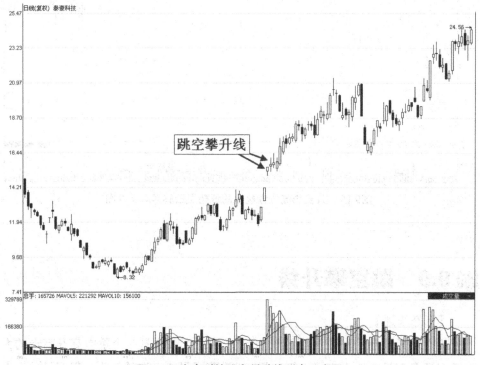

图9.16　泰豪科技跳空攀升线形态示意图

图9.17为金证股份（600446）2008年10月24日至2009年3月24日期间走势图。此股在经震荡缓升之后，先是以一个跳空的涨停突破形态实现了个股的加速上涨。随后，次日大阳线完美地保住了这一突破成果，两日正好构成了跳空攀升线形态。这是庄家开始拉升个股的信号，此时应积极追涨买股，以分享主力快速拉升的成果。

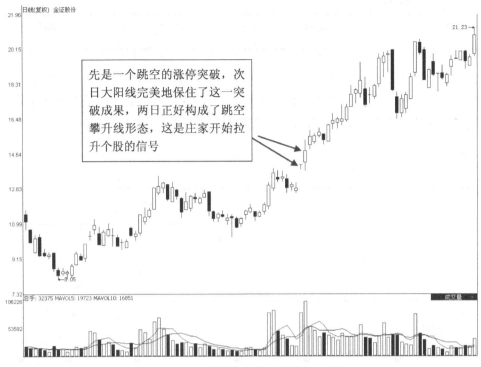

图9.17 金证股份跳空攀升线形态示意图

9.10 跳空下滑线

【形态描述】

跳空下滑线也是一种双日K线组合形态，第一根K线是一个跳空低开低走的大阴线，第二根K线沿袭了个股下跌的势头，仍旧呈现出阴线或大阴线形态。

跳空下滑线与跳空攀升线形态正好相反，跳空攀升线出现在阶段性的高档区，是庄家短期内有意强势拉升个股的信号。虽然这种形态出现在阶段性的高档，但却是机会的象征；而跳空下滑线则出现了阶段性的低档区，此时的这种形态往往与庄家的打压出货行为相关。虽然这种形态出现在阶段性低档，但却是风险的预示。

【个股分析】

图9.18为中电广通（600764）2009年12月21日至2010年5月21日期间走势图。此股在高位区经历了长时间的横盘震荡之后，于盘整区的相对低点出现了一个向下跳空的大阴线形态，这是空方展开攻击的信号。次日，此股小幅低开，再次于盘中出现大跌，这说明空方的抛售有较强的连续性，而且抛压也十分沉重，说明空方已完全占据了主导地位，是个股将破位下行的标志。

图9.18 中电广通跳空下滑线形态示意图

图9.19为中恒集团（600252）2009年11月26日至2010年7月5日期间走势图。此股在经高位区的震荡之后，先是一根跳空的向下的大阴线使得个股有向下脱离这一盘整区的倾向，随后，次日大阴线说明空方连续抛售力度较大。考虑到个股前期累计涨幅巨大，因而这是市场抛压极强的标志，预示着短期内的个股仍将在空方的大力抛售下而快速下跌，此时也是短线卖股的时机。

图9.19　中恒集团跳空下滑线形态示意图

9.11　高档穿越均线上扬的突破大阳线

【形态描述】

高档穿越均线上扬的突破大阳线也可以称为出水芙蓉，它是一种将单日大阳线与均线组合运用的形态，是指一根大阳线向上交叉穿越两根均线，这两根均线的周期应为5日均线MA5、10日均线MA10。

一般来说，这种形态更多见于个股盘整后的突破上扬时，或是一波上涨走势的初期等阶段性的高点。虽然处于阶段性的高点，但个股的升势却刚刚展开，因而这可以看作是庄家强势做多的信号，此时可以积极地跟进，追涨买股。

【个股分析】

图9.20为荣华实业（600311）2010年8月13日至11月23日期间走势图。此股在经历了长期的盘整震荡之后开始突破上行，并且在这一波快速上涨走势的初期，出现了一个单日大阳线上穿MA5、MA10两根均线的形态。这是庄家短期内强势拉升个股的信号，此时可以积极地追涨买股。

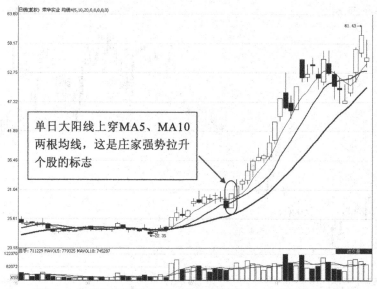

图9.20　荣华实业高档穿越均线上扬的突破大阳线形态示意图

图9.21为大厦股份（600327）2010年4月21日至11月3日期间走势图。此股在上升途中出现了一波深幅调整走势，随后，个股再度反弹上涨。在这一波上涨走势的初步形成阶段，出现了一个单根大阳线向上交叉并穿越MA5、MA10两根均线的突破大阳线形态。这是多方力量占据明显主导地位的体现，也是追涨买股的信号。

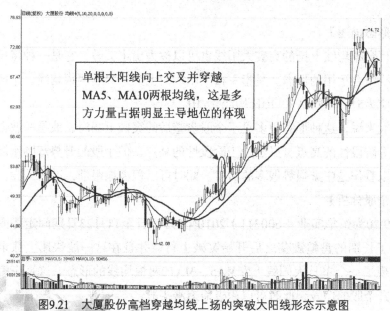

图9.21　大厦股份高档穿越均线上扬的突破大阳线形态示意图

9.12 低档穿越均线下降的破位大阴线

【形态描述】

低档穿越均线下降的破位大阴线也可以称为断头铡刀，它是一种将单日大阴线与均线组合运用的形态，是指一根大阴线向下交叉穿越两根均线，这两根均线应为5日均线MA5、10日均线MA10。

一般来说，这种形态更多见于个股盘整后的破位下行走势中，或是一波下跌走势的初期等阶段性的低点。虽然处于阶段性的低点，但个股的跌势却刚刚展开。因而，这可以看作是空方抛压异常沉重的信号，此时，我们不可因个股处于阶段性低点而贪图便宜买股，反而应及时卖股，以规避个股的短期下跌风险。

【个股分析】

图9.22为中新药业（600329）2010年3月23日至7月14日期间走势图。此股在高位区连续出现大阴线形态，在一波下跌走势的初期，出现了一个单日大阴线向下交叉并穿越MA5、MA10两根均线的形态。这是庄家短期内有意强势打压个股的信号，预示着个股短期内将有一波快速下跌走势出现，此时，我们应及时卖股离场。

图9.22 中新药业低档穿越均线下降的破位大阴线形态示意图

图9.23为广州药业（600332）2010年4月21日至7月15日期间走势图。此股在下跌走势中出现了一段时间的横盘整理走势，随后，在横盘整理区的相对低档位置处出现了一个单根大阴线向下交叉并穿越MA5、MA10两根均线的大阴线破位形态，这是空方力量占据明显主导地位的体现，也是我们短期内应尽快卖股离场的信号。

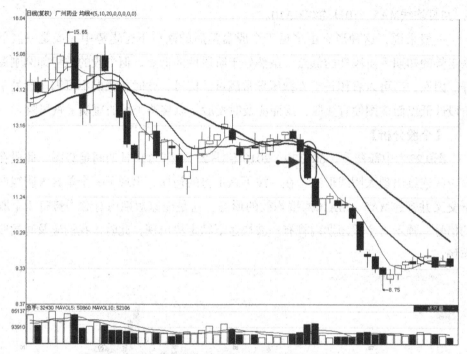

图9.23 广州药业低档穿越均线下降的破位大阴线形态示意图

9.13 下跌途中缓跌后的单日破位大阴线

【形态描述】

个股在下跌途中出现了较长时间的窄幅震荡整理走势，并且在整理过程中的股价重心开始缓步下移。随后，一根实体极长的大阴线打破了这种缓步下跌的走势，使得个股走势呈加速的破位下行形态。

这种形态是空方力量完全占据主导地位，且正欲发起攻击的信号。破位大阴线出现之前的缓步下跌走势形态，是空方力量持续占有一定优势的体现，也是空方力量再度汇聚的一个过程。而破位大阴线的出现，则是空方开始发起攻击的信号。此时应尽快卖股离场，以规避个股短期快速下跌所带来的高风险。

【个股分析】

图9.24为海油工程（600583）2009年12月11日至2010年6月28日期间走势图。此股在下跌途中出现了窄幅震荡，但股价重心却是缓缓下降的缓跌形态。随后，一根向下的大阴线使得个股呈破位状。这是空方抛压再经汇聚后开始释放的标志，也是个股将破位下行的信号，此时应及时卖股离场。

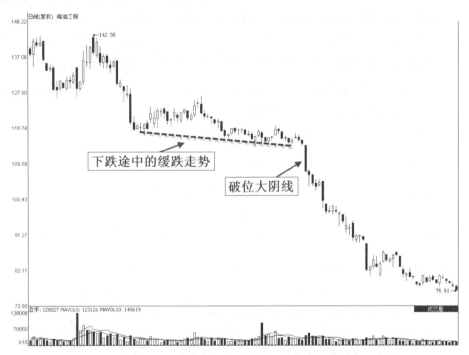

图9.24　海油工程下跌途中缓跌后的单日破位大阴线形态示意图

9.14　低档低开低走的破位大阴线

【形态描述】

个股在下跌途中的盘整区或是在一波快速走势的初期，先是出现了一根阳线，这使得个股似乎有反弹上行的倾向。但是，个股次日却低开低走且收盘价明显低于上一交易日的最低价，这使得次日这根大阴线形成了一种"下破"态势。

这种形态是多方闪击失败的信号，当然，前一交易日的大阳线也有可能是庄家诱多的表现，次日低开低走的破位大阴线则是空方抛压急速转强的信号。结合个股之前的震荡下跌走势，可以判断此时的市场依旧处于空方占据明显主导地位的阶段。因而应及时地卖股离场观望，以规避个股短期的快速下跌。

【个股分析】

图9.25为韶钢松山（000717）2009年12月16日至2010年5月17日期间走势图。此股在下跌途中出现了较长时间的横盘整理走势，随后，一根大阳线使得个股似乎有突破上行的倾向。但是次日却低开低走，并且收盘价明显低于上一交易日的最低价。这使得个股走势呈向下破位状，这是空方抛盘突然大量涌出的信号。考虑到个股整体走势正处于下跌途中，因而这是向下趋势依旧要延续下去的标志，此时应及时卖股离场，以规避新一轮下跌行情的展开。

图9.25　韶钢松山低档低开低走的破位大阴线形态示意图

9.15 高档的上升N字形

【形态描述】

个股在一波上涨走势的初期或是突破横盘区时，先是以一根大阳线形态出现，这使得个股上涨势头加快。随后，个股在这根大阳线的收盘价附近以小阳线、小阴线强势整理数日，而后再度出现一根向上加速的大阳线。

这种形态是多方完全占据主导地位，而且它往往也是庄家控盘能力极强且短期内有意强势拉升个股的信号。此时应及时地追涨买股，参与短线交易。

【个股分析】

图9.26为联化科技（002250）2009年7月27日至2010年1月6日期间走势图。此股在突破盘整区上行时出现了一个上升N字形形态。这是多方发力的信号，预示着一轮涨势的展开，此时可以积极地追涨买股。

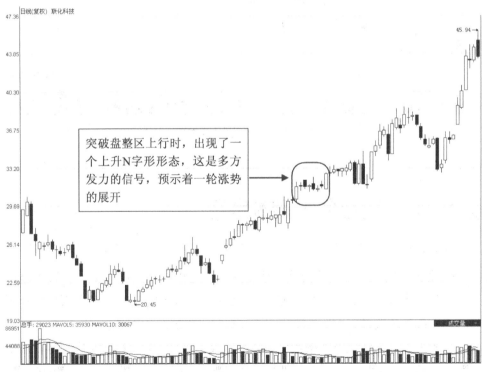

图9.26 联化科技上升N字形形态示意图

图9.27为海陆重工（002255）2009年8月19日至12月9日期间走势图。此股在震荡上扬的过程中，多次出现这种阶段性高档的上升N字形态。这是多方力量

已完全占据主导地位的体现，也是可以积极追涨买股进行短线操作的信号。

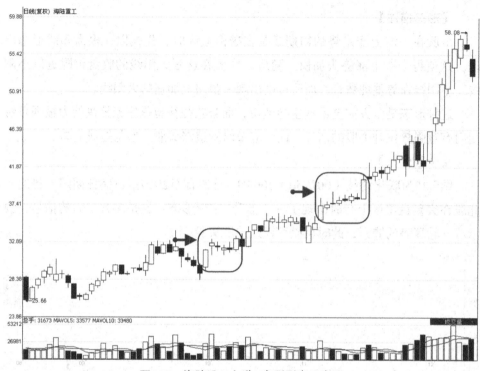

图9.27　海陆重工上升N字形形态示意图

9.16　低档的下降N字形

【形态描述】

个股在一波下跌走势的初期，或是在下跌途中，先是以一根大阴线形态出现，这使得个股下跌势头加快。随后，个股在这根大阴线的收盘价附近区以小阳线、小阴线整理数日，而后再度出现了一根向下加速的大阴线。

这种形态是空方完全占据主导地位的体现，而且，它也往往是庄家有打压出货行为的体现，是个股中短期内仍将持续下跌的信号，此时应及时卖股离场。

【个股分析】

图9.28为南山铝业（600219）2010年1月12日至7月2日期间走势图。此股在

向下跌破盘整区下行时，出现了一个下降N字形形态。这是空方发力的信号，预示着一轮跌势的展开，此时应及时地卖股离场。

图9.28　南山铝业下降N字形形态示意图

下降N字形往往出现在阶段性的低档区，这使得很多投资者有短线抄底的冲动。殊不知，这是一种不顾市场真实走势，特别是趋势持续状况而主观臆断的操作方式。它不仅不会让我们获利，反而让我们与趋势为敌、与真实的市场状态相悖。

图9.29为华鲁恒升（600426）2010年1月13日至7月2日期间走势图。此股在持续下跌的过程中出现了一个典型的下降N字形。此时的个股处于明显的阶段性低点，但这却并不是抄底买股的理由。因为短线的抄底买股是在多方力量转强、空方力量转弱时才可以出手的，而这种下跌途中的下降N字形则是当前的空方依旧牢牢占据主导地位的体现。

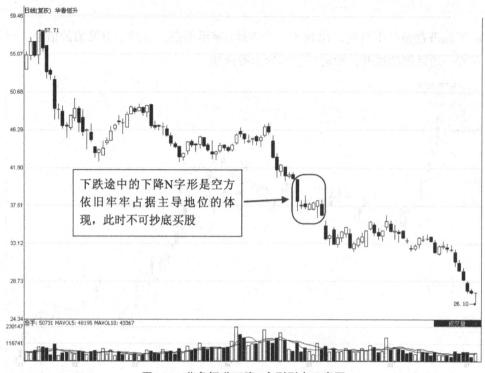

图9.29 华鲁恒升下降N字形形态示意图

9.17 上升途中并阳线

【形态描述】

个股在上升途中的阶段性高点，如盘整区突破位置处、一波上涨走势的初期，在同一水平位置处连续出现了两根实体相对不长的阳线形态，而且这两日往往会出现相对放量。

上升途中的大阳线是我们应选择追涨买股的信号，在这种形态中，第一根阳线可以看作是庄家拉升个股的信号，它也是多方力量占优的体现；第二根阳线之所以与第一根阳线横向并排，往往是因为当日的低开高走。这说明当日的低开非但没有引发空方的强力抛售，反而带动多方更多强力的承接，因而它是一波涨势将继续进行下去的信号。

【个股分析】

图9.30为*ST国发（600538）2009年1月21日至6月17日期间走势图。此股在上升途中突破盘整区的位置处出现了一个双日并排阳线的形态（两日的阳实体均不长），由于第二根阳线为小幅低开、随后高走的阳线，因而，这使得它与前一日的阳线形成横向并排的形态。一般来说，两日的成交量也相对放大，就有充足的买盘来支撑此股在这一突破盘整后的位置站稳，这说明多方力量较为充足、做多意愿较为强烈，是个股一波涨势将持续下去的信号。此时应积极地追涨买股，实施"高进"操作。

图9.30　*ST国发上升途中并阳线形态示意图

图9.31为生益科技（600183）2017年5月17日至2017年8月17日期间走势图。此股在上升途中突破盘整区的位置处出现了双日并排阳线的形态，且这两日的量能相对放大。这是做多盘充足有力、个股突破上行、走势真实可靠的信号，此时可以积极地追涨买股，参与短线操作。

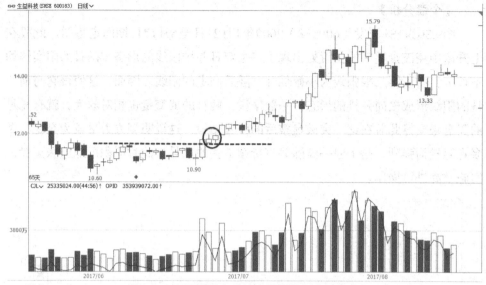

图9.31 生益科技上升途中并阳线形态示意图

9.18 下跌途中并阴线

【形态描述】

个股在下跌途中的阶段性低点,如盘整区向下破位处,一波下跌走势的初期,在同一水平位置处连续出现了两根实体相对不长的阴线形态。这一形态是空方抛压正在汇集的信号,也是个股短期内的跌势难以止住的标志,此时应及时卖股离场。

【个股分析】

图9.32为浦东金桥(600639)2010年3月5日至6月4日期间走势图。此股在下跌途中盘整后的向下破位位置处,出现了一个双日并排阴线的形态。这是买盘短期内无意入场,空方力量则正在汇集的信号。此时不能抄底买股,反而应及时地卖股离场,以规避随后空方抛压陆续释放所造成的个股快速下跌走势。

图9.33为申能股份(600642)2010年3月4日至7月2日期间走势图。此股在下跌途中出现了一个形态较为鲜明的双日并排阴线的形态,这说明空方的力量在短期内远未释放完毕。如果我们没能在之前的震荡走势中卖股离场的话,则不宜再恋战,应及时卖股出场,以免被套在高位区。

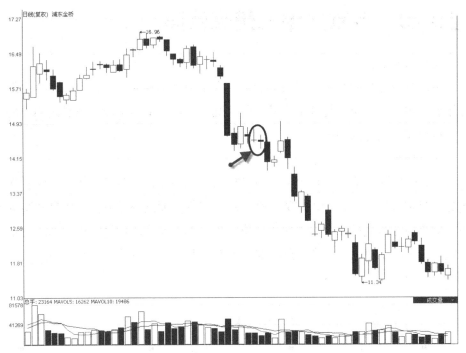

图9.32 浦东金桥下跌途中并阴线形态示意图

图9.33 申能股份下跌途中并阴线形态示意图

9.19 下跌途中三阴夹两阳

【形态描述】

可以看作是两阴夹一阳形态的变形，它出现在下跌途中，是空方完全占据主导地位，短期跌势仍将持续下去的信号。此时不可贪低而买股，毕竟短期内的空方力量仍在快速释放当中。

【个股分析】

图9.34为新黄浦（600638）2010年2月25日至5月25日期间走势图。此股在跌破高位盘整区后，开始步入跌势，在下跌走势的初期出现了一个三阴夹两阳的形态。这是空方力量已完全占据主导地位，多方无力反攻的信号。这一形态也预示着短期的下跌走势远未结束，此时非但不宜买股，反而应及时卖股离场。

图9.34 新黄浦下跌途中三阴夹两阳形态示意图

图9.35为城投控股（600649）2010年3月11日至7月2日期间走势图。此股在一波下跌走势的初期以这种三阴夹两阳的形态呈现，这说明空方在最初就已完全占据了主导地位，此时应尽快卖股离场。

图9.35 城投控股下跌途中三阴夹两阳形态示意图

9.20 上升途中三阳夹两阴

【形态描述】

可以看作是两阳夹一阴形态的变形，它出现在上升途中，是多方完全占据主导地位、短期内涨势仍将持续下去的信号。此时不可过早地卖股离场，应力求在涨势中将所获利润最大化。

【个股分析】

图9.36为*ST光华（000703）2010年7月1日至11月8日期间走势图。此股在相对低位区开始了一波上涨行情，在这一轮上涨初期初露端倪的时候可以看到，此股出现了一个形态鲜明的三阳夹两阴形态。这是多力量已完全占据主导地位，空方无力反攻的信号。这一形态也预示着短期的上涨走势远未结束，此时非但不宜过早卖股离场，而应耐心持股观望。对于手中未持有此股的投资者来说，甚至还可以适当地进行短线追涨操作。

图9.36 *ST光华上升途中三阳夹两阴形态示意图

图9.37为飞乐音响（600651）2009年9月1日至12月8日期间走势图。此股在一波上涨走势中出现了这种三阳夹两阴的形态，这说明多方占有完全主导地位，是短期内一波上涨行情仍将持续下去的信号，此时可做短线追涨买股操作。

图9.37 飞乐音响上升途中三阳夹两阴形态示意图

9.21 上升途中大阳、小阳、大阳三步走

【形态描述】

上升途中大阳、小阳、大阳三步走形态也称为上升三步走形态。它是指个股在前期处于较为稳健的上升走势中，在此良好的背景下，个股在随后的一波上涨走势中顺次出现了"大阳线—小阳线—大阳线"的形态。

这种形态是多方力量开始加速释放、个股涨势陡然加速的信号，也是庄家开始大力拉升个股的信号。对于持股者来说，此时应续续持股；对于场外投资者来说，可以适当地追涨买股，以分享庄家继续拉升的成果。

【个股分析】

图9.38为方兴科技（600552）2009年11月13日至2010年3月2日期间走势图。此股在稳步上升走势中出现了加速启动的形态，这种加速启动的形态正是以顺次出现的"大阳线—小阳线—大阳线"为典型标志的。它是多方完全占据主导地位、庄家开始强力拉升个股的信号，此时可以短线做多。

图9.38　方兴科技上升三步走形态示意图

图9.39为江西长运（600561）2009年1月21日至5月7日期间走势图，此股在

上升途中的稳健攀升过程中顺次出现了这种"大阳线—小阳线—大阳线"上升三步走形态。它是庄家开始加速拉升个股的信号，也是我们应短线做多的信号。

图9.39　江西长运上升三步走形态示意图

9.22　下跌途中大阴、小阴、大阴三步走

【形态描述】

下跌途中大阴、小阴、大阴三步走形态也称为下降三步走形态，它是指个股在前期处于或急或缓的下跌走势中，下跌趋势已较为明朗，在此背景下，个股在随后的一波下跌走势中顺次出现了"大阴线—小阴线—大阴线"的形态。

这种形态是空方力量开始加速释放、个股跌势陡然加速的信号。如果个股在前期经历了较长时间的高位盘整震荡走势，则此时的加速下跌往往是庄家正大力抛售手中余筹、进行打压出货的标志；如果个股已处于明显的下跌途中，则这种加速下跌走势是空方完全占据主动、个股跌势短期内难以止住的信号，此时不可抄底入场。对于手中仍持有个股的投资者来说，则宜及时卖股离场，以规避随后继续快速下跌所带来的高风险。

【个股分析】

图9.40为*ST沪科（600608）2010年2月3日至5月18日期间走势图。此股在经历了高位区的长时间横盘滞涨走势之后，于震荡区的箱体下沿位置处出现了这种下降三步走的形态。这是庄家在盘整区出货较为充分、现在开始利用手中余筹进行打压出货的标志，它也预示着个股将破位下行。此时应及时地卖股离场，以规避随后个股快速下跌所带来的高位被套的风险。

图9.40 *ST沪科下降三步走形态示意图

图9.41为*ST中华A（000017）2010年7月14日至12月27日期间走势图。此股在下跌途中经一波反弹走势后，开始出现震荡滞涨走势。随后，在震荡滞涨区的相对低点顺次出现了这种"大阴线—小阴线—大阴线"下降三步走形态。这是个股反弹走势已然结束、新一轮下跌行情呼之欲出的体现，此时应及时卖股离场。

图9.41 *ST中华A下降三步走形态示意图

图9.42为丰华股份（600615）2010年1月7日至6月30日期间走势图。此股在震荡下跌走势中于盘整破位区顺次出现了这种"大阴线—小阴线—大阴线"的下降三步走形态。它是庄家开始加速出货的信号，也是个股下跌走势将加速的信号，此时应及时卖股离场。

图9.42 丰华股份下降三步走形态示意图

9.23 上升三法

【形态描述】

个股在上升途中,先是一根大阳线推升了股价,但由于个股处于创出新高的位置,这使得其获利抛压相对较重。在随后的几日内,个股因获利抛压而出现了连续三日小幅下跌的小阴线形态,但这三日小阴线并没有使个股向下跌破之前大阳线当日的最低价。

这种形态出现在上升途中,说明多方力量依旧占据主动,当前个股的连续三日小幅下跌走势仅仅是少量的获利抛压导致的。此时,虽然个股处于创出新高后的高档区,但依然可以追涨买股。

【个股分析】

图9.43为万业企业(600641)2009年2月2日至6月3日期间走势图。此股在稳健攀升走势中先是大阳线推高个股,并使其创出新高,随后,连续回调三根小阴线的。但可以看到这三根小阴线出现之后,个股并未明显跌破之前大阳线当日的最低价。这说明三根小阴线仅是少量获利抛压所致,它们对个股的升势并无大碍,此时可以积极地追涨做多。

图9.43 万业企业上升三法形态示意图

如图9.44为中华企业（600675）2009年1月6日至5月12日期间走势图。此股在震荡上扬的上升途中，阶段性的高点出现了这种上升三法的形态，这是多方力量依旧占据明显的主导地位、个股上升趋势仍将持续下去的标志，此时可以积极追涨买股以分享继续升势所带来的利润。

图9.44　中华企业上升三法形态示意图

9.24　下降三法

【形态描述】

个股在下跌途中，先是一根大阴线打低了股价，但随后却出现了连续三根小阳线的形态，但这三根小阳线却并没有使得个股向上突破之前大阴线当日的最高价。

这种形态出现在下跌途中，说明空方力量依旧占据主动，当前个股的连续三日小幅回升走势仅仅是空方打压暂时放缓的标志。此时，非但不是买股布局的时机，反而是及时卖股离场的时机。

【个股分析】

图9.45为新华医疗（600587）2010年4月16日至7月15日期间走势图。此股在震荡下跌途中出现了这种先大阴线打低股价，随后三日小阳线回升，但三日小阳线也并未收复大阴线。这是空方力量开始加速释放的标志，也说明当前的多方无力反击。此时应及时卖股离场以规避随后空方力量短期内再度快速释放所促成的短线快跌走势。

图9.45 新华医疗下降三法形态示意图

图9.46为新安股份（600596）2010年4月1日至7月2日期间走势图，此股在跌破高位盘整区后的下跌途中，出现了这种下降三法的形态。这是空方力量开始占据明显主导地位的体现，预示着个股的跌势仍将持续下去。此时，千万不可因连续三日的小阳线就误认为个股的短期跌势已经见底，从而展开短线买股操作。

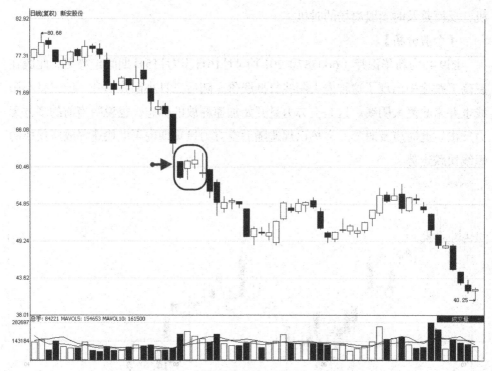

图9.46 新安股份下降三法形态示意图

第10章 散户实战技法

　　尽管庄家坐庄手段方式多样,但是散户在跟庄过程中还是有一定的规律可循的。本章将通过实例来介绍一些实战技巧。

10.1 追击T型涨停板

T型涨停板是散户在跟庄过程中可以获利的一种常见形态,下面就T型涨停板的一些常见知识做个简单的介绍。

10.1.1 追击T型涨停板的原理

【跟庄技巧】

庄家拉升股票,以一个较高的价位或者直接向上跳空到涨停板的价位开盘,但是随即瞬间大幅度砸盘,使股价迅速从涨停板的位置向下滑落,形成一根长长下影线。但等待追涨的散户承受不住如此巨大的心理压力而纷纷恐慌抛盘,庄家又快速拉升股价,使股价恢复到之前的涨停板位置。因此K线图中形成了一个T型的形态,称为T型涨停板。

【个股分析】

庄家通过当天的反复震荡可以使一些胆小的交易者纷纷出场。而且在一天反复打压股价,即使之前意志比较坚定的投资者也纷纷会卖出手中的股票,因为很难经受住如此巨大的心理折磨。而仅仅一天,庄家就可以完成洗盘的目的。当更多跟庄者被庄家清除出去之后,后市必然会进入快速拉高的走势。因此,此时买了T型涨停板的投资者是可以追到后来拉升过程的。

如图10.1所示的为莱茵生物分时图。此图中可以看到T型涨停板的形成过程。股价涨停板开盘,但是不久涨停板被打开,股价向下滑落。此后会有一定的投资者出场,股价继续震荡回调,最终回到涨停板的位置。

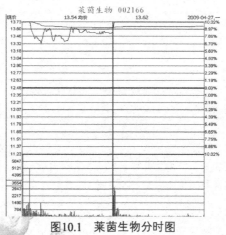

图10.1 莱茵生物分时图

如图10.2所示的为莱茵生物日线图。图中箭头指向的位置就是一个T型涨停板。

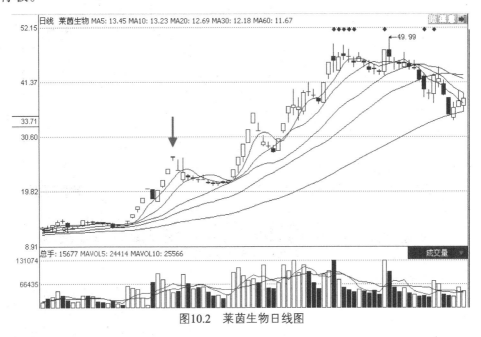

图10.2 莱茵生物日线图

10.1.2 追击T型涨停板

【跟庄技巧】

一般来说，当一只股票出现了T型涨停板后，有可能是庄家开始洗盘了，而且后市不久即将进入拉升阶段。投资者完全可以在此时买入股票，等待庄家的拉升过程。

【个股分析】

如图10.3所示的为莱茵生物日线图。第一个T型涨停板出现在行情刚刚启动之时，散户买入就等于买在了最低点。而第二个T型涨停板是为散户加仓购买提供的一个时机。尽管此后的几个交易日出现了回调，但这是庄家的洗盘行为，后市依然有不小的涨幅。

如图10.4所示的为啤酒花日线图。该股出现的T型涨停板发生在一个一字型涨停板之后，此时散户完全可以买入股票，未来的上涨空间刚刚打开。尽管后几个交易日出现了回调，但这是庄家洗盘造成的，因为在连续的几个涨停板成交量很大，说明有很多的跟庄者入场，庄家要把这些多余的人员清除出局。

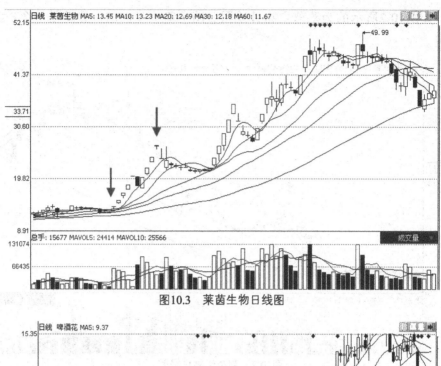

图10.3 莱茵生物日线图

图10.4 啤酒花日线图

10.1.3 实战操作技巧

【跟庄技巧】

如果出现多个T型涨停板，则最先出现的几个涨停板是比较安全的，可以买入跟庄，而后续的涨停板风险都比之前的涨停板要大。

【个股分析】

如图10.5所示的为中国高科日线图。在图中可以看到三个T型涨停板,但是随着股价的推高,后面出现的T型涨停板要比前面的风险要大。如果投资者没能在之前的几个涨停板买入,就不要在最后的涨停板追涨了,因为这已经离顶部不远了。

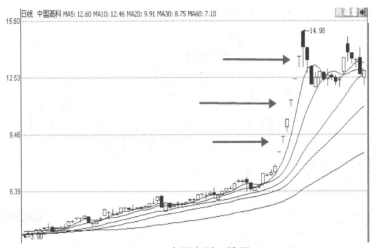

图10.5　中国高科日线图

如图10.6所示的为啤酒花日线图。图中可以看到多个T型涨停板。但是越晚出现的T型涨停板越接近市场顶部,因此追高也是危险的。跟庄者在购买T型涨停板时必须注意只购买最早出现的几个,后面再出现T型涨停板就不要再理睬了。

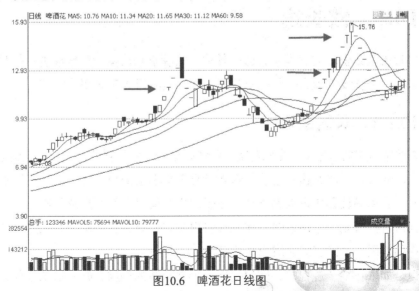

图10.6　啤酒花日线图

T型涨停板还会出现一些变体形态，比如K线图有一定的实体，但是实体范围很小，下影线很长，这也是散户可以买入的信号。如图10.7所示的为汇通能源日线图。图中箭头指向的K线是一个T型涨停板的变体，该日在开盘时股价没有开在涨停板，随后庄家洗盘向下打压股价，但在收盘时将股价推高到涨停板的位置，因为未来还会继续上涨，散户完全可以跟进买入。

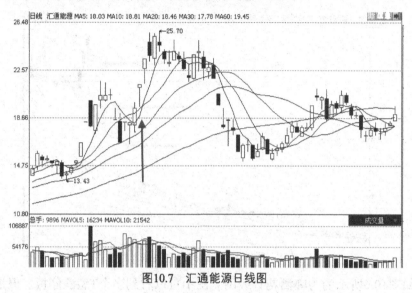

图10.7 汇通能源日线图

10.2 做长线

尽管庄家在坐庄的过程中会通过各种方式洗盘来清除一些跟庄者，但是如果跟庄者有一个长线的理念，则庄家各种各样的欺骗行为都无用武之地。

10.2.1 长线原理

在整个坐庄的过程中，庄家与散户始终是处于对立位置的，庄家永远想尽一切办法来清除散户。庄家建仓之前，希望没有被更多的散户发现。而当庄家准备拉升之时，会用各种办法来欺骗散户、吓唬散户，使更多的散户及早出场。

当股价拉升到一个高位时，庄家准备出货，这时又希望散户积极入场买入庄家手中的筹码，帮助庄家完成出货任务。

但是如果在整个过程中，散户抱着一个做长线的态度，则庄家的任何办法都会大打折扣。因为只要散户在庄家建仓之前或者建仓之时买入股票，而在庄家卖出股票之前卖出股票，也就是在庄家出货前卖出股票，就可以安全达到获利的目的。散户中间不必买入或卖出股票，也就是不参与庄家的互动行为，这时庄家的任何做法和心思都是徒劳的。

如图10.8所示的为中联重科日线图。庄家在拉升过程中，几次大幅打压震仓，以此来吓唬散户。但是如果跟庄者抱着做长线的想法，根本不理睬庄家的这一行为，庄家无论如何洗盘都不会有任何效果。

图10.8　中联重科日线图

如图10.9所示的为宁波联合日线图。庄家在拉升过程中采用了缓慢的拉升方式，而且还小幅波动，目的是继续建仓同时清除掉一些跟庄者。但是如果跟庄者能抱着长线交易的想法，只要认清庄家没有出货，继续持股就可以达到最大化的收益。

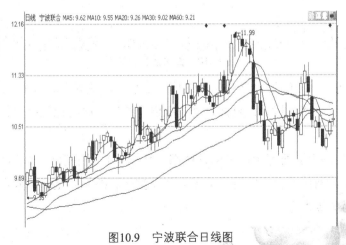

图10.9　宁波联合日线图

10.2.2 长线买入点

【跟庄技巧】

跟庄者只要发现有庄家介入的个股，就可以积极介入该个股，或者等待庄家建仓一段时间后接近建仓的末期，安全地买入股票，并且做好长期持有的准备。

【个股分析】

如图10.10所示的为贵州茅台日线图。当股价从市场底部突破了前期高点后，便是一个良好的长线买入点。此时买入股票的散户长期持股，当价格位于222.00元附近的高点卖出，不仅中间可以避免受到庄家一些行为的影响，而且还可以获得巨大的差价。

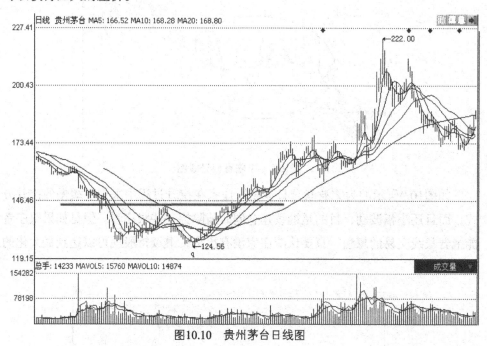

图10.10　贵州茅台日线图

如图10.11所示的为合兴包装日线图。股价长期在市场底部徘徊，当股价小幅上涨走出了盘整区域时，就标志着庄家建仓结束，同时也是散户长线交易的绝佳买入点。

如图10.12所示的为大连热电日线图。庄家单针触底进行试盘后，认为承接能力较强而开始拉升。当股价突破了前期盘整区域的最高点后，散户就迎来了一个长线交易的买入点。

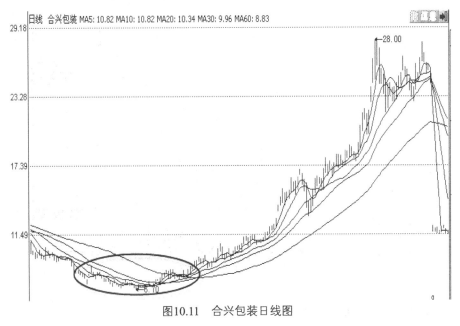

图10.11　合兴包装日线图

图10.12　大连热电日线图

如图10.13所示的为莱茵生物日线图。图中箭头指向的位置是一个T型涨停板，该位置突破了前期的盘整区域，因此是行情启动的标志。而这也是散户长线交易的买入点。

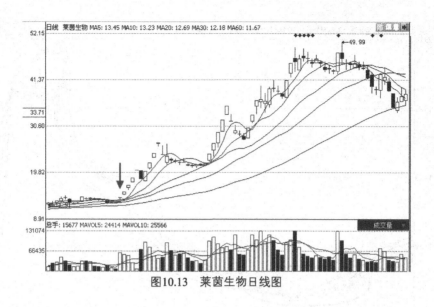

图10.13 莱茵生物日线图

10.2.3 长线卖出点

【跟庄技巧】

跟庄者尽管做的是长线交易，不必理会中间过程的一些波段交易，但是也并不意味着投资者可以听之任之，任股价自由上涨与下落。至少跟庄者应该在庄家出货之前卖出手中的股票，其实跟庄者还可以在股价达到一定的利润后，及时卖出手中的股票或者等待股价突破了长期均线以后，卖出股票获利了结。

【个股分析】

如图10.14所示的为宁波联合日线图。当股价从顶部快速下滑，出现了大根的阴线，并一举击穿了多根均线，则长线交易散户的卖出点就到来了。

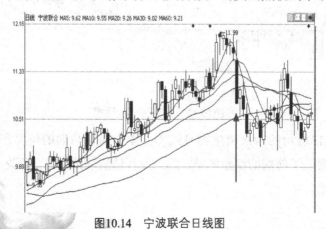

图10.14 宁波联合日线图

如图10.15所示的为宁波联合日线图。当股价在上涨过程中进入了一个漫长的盘整过程，而此前的拉高已经有了不小的利润空间，此时长线交易者就应该卖出股票，获利了结。此时，庄家也常常在分批出货。

图10.15　宁波联合日线图

如图10.16所示的为东北电气日线图。当股价跳空高开并出现了一根大阳线后，第二日没有继续走高，而是出现了一根大阴线，形成了一个看跌吞没的K线形态。这就是长线跟庄者的卖出点，此时卖出基本上是在最高价卖出的。

图10.16　东北电气日线图

如图10.17所示的为深桑达A周线图。当股价突破了头肩顶形态的颈线后，长线跟庄者就应该卖出手中的股票。

图10.17 深桑达A周线图

如图10.18所示的为凯迪电力日线图。当股价突破了三重顶的颈线后，就应该卖出股票。尽管此时股价已经不再是最高点，但是作为长线跟庄者，不能在乎如此小的利润差额，要及时卖出以保住更多的利润。

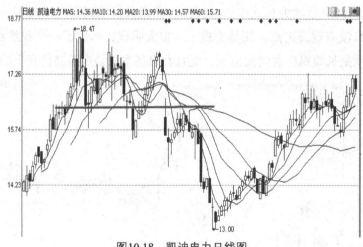

图10.18 凯迪电力日线图

10.3 KDJ指标抄底

在跟庄过程中，每个散户都希望能及时发现有庄家进入的个股，并且在市场的底部买入股票获得最大的收益。而KDJ指标就是一个比较好的抄底工具。

10.3.1 KDJ指标的原理

KDJ是随机指标的英文简称，是震荡类指标的一种，最早由乔治·兰恩提出，是适合抄底的工具之一。

KDJ的构造原理很简单，它是通过价格的波动幅度来推测超买和超卖的，在价格上升或者下降前发出信号，因此可以说是一种超前的信号，与均线的滞后性可以互补。

KDJ的计算过程相对繁琐，我们以默认参数9、3、3为例来计算日线图中的KDJ指标。

（1）计算9日RSV数值，RSV=（当天收盘价–9天内的最低价）/（9天内最高价–9天内最低价）×100。

（2）计算K的数值，K=2/3×上一交易日的K数值+1/3×RSV；初始时的K数值可以取50。

（3）计算D的数值，D=2/3×上一交易日的D值+1/3×中K数值；初始的D值可以取50。

（4）计算J数值，J=3×D–2×K。

KDJ指标有三条曲线，散户可以根据这三条曲线来实现抄底。如图10.19所示的为上证指数的走势图，图中下方的三条曲线就是KDJ指标。

图10.19　上证指数走势图

10.3.2 KDJ的抄底方法

【跟庄技巧】

如果KDJ的走势是向上的，而同一时期的股价却在下跌，KDJ与股价的走势完全不一致，形成了一个背离现象，这就是一个良好的抄底时机。

【个股分析】

如图10.20所示的为KDJ背离示意图。图中上半部是股价的走势，下半部是KDJ指标的走势，二者走势完全相反。

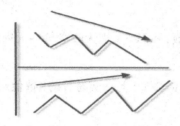

图10.20　KDJ背离示意图

如图10.21所示的为新海股份日线图。图中可以看到，庄家在建仓时是比较隐蔽的，但是KDJ给散户们发出了一个背离信号，散户完全可以据此来抄底。

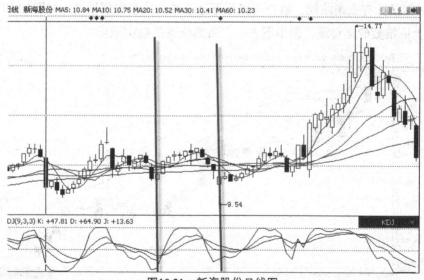

图10.21　新海股份日线图

不仅KDJ背离现象是一个抄底的信号，KDJ的金叉信号也是抄底的常见信号。所谓金叉就是指KDJ的三条曲线从下向上开始交叉。如图10.22所示的为KDJ金叉的示意图。

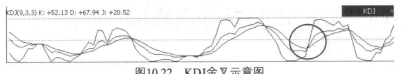

图10.22 KDJ金叉示意图

如图10.23所示的为万科A周线图。股价在上涨过程中，KDJ指标几次出现金叉，因此跟庄者有很多次机会进场跟庄。

图10.23 万科A周线图

如图10.24所示的为汇通能源周线图。庄家尽管在快速下跌后突然建仓拉升，但是在KDJ指标上却出现了金叉的信号，这就为跟庄者提供了进场的信号。

图10.24 汇通能源周线图

10.4 MACD指标抄底逃顶

MACD是散户非常热衷使用的技术指标之一，因为它不仅可以告诉散户如何抄底，而且还可以在庄家出货前发出逃顶的信号。下面介绍一些常见的信号使用方法。

10.4.1 MACD指标的原理

MACD是平滑异同平均线的英文简称，是除了均线以外的另一种常用的趋势类技术指标。它可以跟踪股价运行的趋势，研判买卖时机。MACD不仅保留了移动平均线的效果，而且通过一些特定的运算去除了普通移动平均线频繁发出虚假信号的弊端。

MACD指标由两条曲线和柱状图共同组建而成，如图10.25所示的为MACD的示意图。图中可看到两条曲线和柱状图。

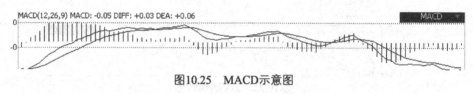

图10.25 MACD示意图

10.4.2 MACD的抄底方法

【跟庄技巧】

MACD的金叉信号是常见的一个抄底信号。所谓金叉就是MACD的两条曲线从下向上形成交叉。如图10.26所示的为MACD金叉的示意图。庄家在建仓结束前，MACD一般都会给出金叉信号。因此跟庄者利用此信号进场可以在建仓接近尾声的时候买入股票，未来就会大幅度地上涨。

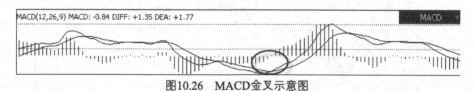

图10.26 MACD金叉示意图

【个股分析】

如图10.27所示的为锡业股份周线图。庄家在股价下跌的末期悄悄建仓，而且还特意制造了一个向下突破盘整区域的假象。但是在MACD指标上形成了一个金叉信号，这就为散户跟庄者提供了一个进场的信号。

图10.27 锡业股份周线图

如图10.28所示的为渤海活塞周线图。庄家在股价下跌的末期开始建仓，这是一般散户所无法识别的，但是MACD指标形成了金叉，就为跟庄者提供了一个明确的进场时机。

图10.28 渤海活塞周线图

除了金叉以外，MACD的底背离也是一个明确的抄底信号。所谓底背离就是股价创出新低，而MACD指标却在走高。如图10.29所示的为MACD底背离示意图。图中上半部股价的走势与下方MACD指标的走势完全相反。

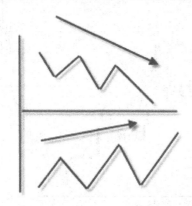

图10.29　MACD底背离示意图

如图10.30所示的为安信信托日线图。股价不断创出新低的时候，MACD指标却在走高，这就说明庄家在建仓。此时跟庄者可以同庄家一样以非常低廉的价格购买股票。

图10.30　安信信托日线图

如图10.31所示的为丰华股份日线图。庄家在快速拉升之前，MACD早给出了底背离的信号，因此跟庄者买入股票后就可以赶上庄家的大幅拉升。

图10.31　丰华股份日线图

除了两条曲线以外，MACD还有柱状线，它也是发出抄底信号的重要工具。如图10.32所示的为中国重汽日线图。股价在底部经过了短暂的盘整后进入到快速拉升的阶段，而柱状线也给出了穿越零轴的信号。

图10.32　中国重汽日线图

如图10.33所示的为西山煤电日线图。庄家在市场底部建仓完毕后波浪式拉升股价，但是MACD的柱状线从零轴下逐渐变小，并运行到零轴上方，跟庄者不仅可以据此抄底买入股票，还可以长期持有，避免被庄家洗盘出局。

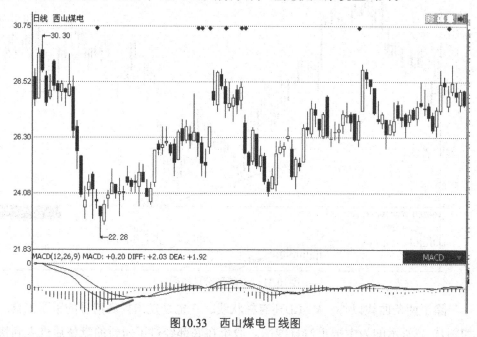

图10.33　西山煤电日线图

10.4.3　MACD的逃顶信号

【跟庄技巧】

MACD在庄家出货前可以提前发出卖出的信号，使跟庄者在庄家出货前获利了结。其中常见的信号之一便是MACD死叉。所谓死叉就是指MACD的两条曲线从上向下形成了交叉。如图10.34所示的为MACD的死叉示意图。

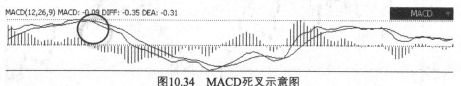

图10.34　MACD死叉示意图

【个股分析】

如图10.35所示的为东方集团周线图。当股价在拉高到41.72元之前，庄家已经开始出货。而MACD指标形成的死叉也告诉跟庄者应该离场了。

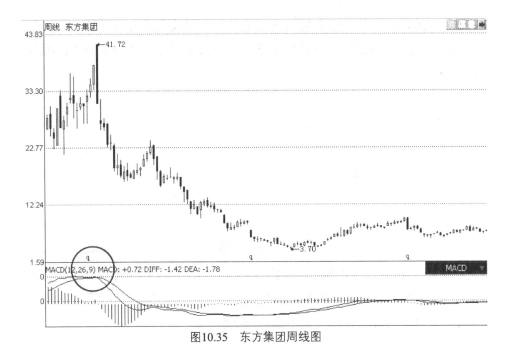

图10.35 东方集团周线图

如图10.36所示的为东方集团日线图。在股价上涨的末期庄家分批出货,股价长期在此高点徘徊不前,MACD死叉的信号就告诉跟庄者不要继续等待最高点,应该考虑出场了。

图10.36 东方集团日线图

MACD的顶背离是一个常见的逃顶信号。所谓顶背离就是指股价依然在创出新高，但是MACD指标已经开始走低。如图10.37所示的为MACD指标的顶背离示意图。

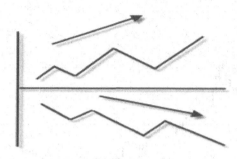

图10.37　MACD顶背离

如图10.38所示的为天地源日线图。股价在被庄家拉升的末期，尽管创出了新高，但是MACD开始走下坡路，这说明庄家已经开始悄悄地分批出货，散户跟庄者也应该在此时卖出股票，不要做跟庄的牺牲者。

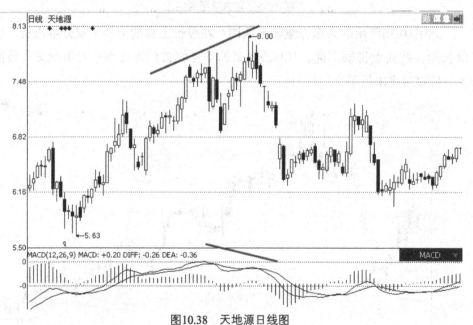

图10.38　天地源日线图

如图10.39所示的为宁波联合日线图。MACD指标发出的顶背离可以让跟庄者在庄家出货前及时逃离顶部。

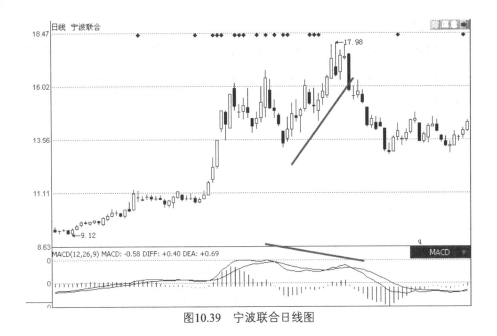

图10.39 宁波联合日线图

10.5 均线的抄底逃顶大法

均线是股市中被广泛运用的工具,因为它具有自身独特的魅力。跟庄者运用均线可以及时抄底和逃顶,仅仅这一个工具,跟庄者就可以完全达到跟庄的效果。

10.5.1 均线的抄底大法

【跟庄技巧】

利用均线,跟庄者完全可以达到抄底的目的。在市场底部,如果均线从黏合状态进入发散状态,就是一个比较好的抄底信号。如图10.40所示的为均线从黏合状态进入发散状态的示意图。

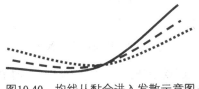

图10.40 均线从黏合进入发散示意图

【个股分析】

如图10.41所示的为广济药业日线图。当庄家利用股价横盘之势开始建仓时，均线也处于黏合的状态。当建仓结束后，均线从黏合状态进入到了发散的状态，此时跟庄者可以立即入场，不但可以获得较大的收益，而且不用等待漫长的建仓过程。

图10.41　广济药业日线图

如图10.42所示的为招商银行日线图。庄家在结束建仓后，有一个震荡的洗盘过程，此时均线处于黏合状态。当庄家在拉升途中又一次横盘震荡洗盘时，均线又一次出现了黏合的状态。当洗盘结束后，均线开始继续向上发散，因此没有进场的交易者可以此时进场跟庄。

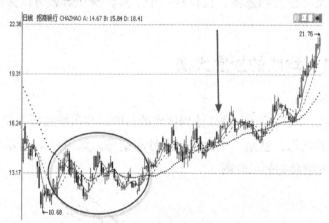

图10.42　招商银行日线图

均线的金叉信号也是进场跟庄的一个买入点。所谓金叉就是短期均线从下向上穿越长期均线。如图10.43所示的为均线金叉示意图。

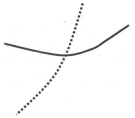

图10.43　均线金叉示意图

如图10.44所示的为沧州大化日线图。当均线形成金叉后，庄家完成了底部的建仓并开始向上拉升。因此跟庄者此时买入股票可以说是完成了一次抄底。

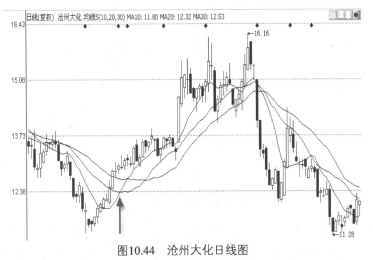

图10.44　沧州大化日线图

10.5.2　均线的逃顶大法

【跟庄技巧】

在庄家出货前，均线也会发出各种逃顶的信号供跟庄者及时出场。均线的死叉是逃顶的常用方法之一。所谓死叉就是短期均线从上向下穿越长期均线。如图10.45所示的为均线死叉的示意图。

图10.45　均线死叉示意图

【个股分析】

如图10.46所示的为东方市场日线图。股价到达顶部后庄家开始出货。随着大单的砸盘，K线图中出现了大阴线，均线也形成了死叉。跟庄者此时就应该卖出股票，逃离市场的顶部了。当均线从黏合状态进入向下发散的状态时就是散户卖出的一个时机。

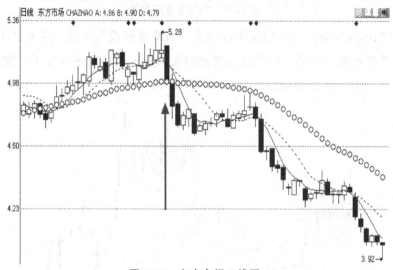

图10.46 东方市场日线图

如图10.47所示的为华北高速日线图。庄家在出货时构建了一个横盘的平台，那些没有看出庄家出货的跟庄者应该在均线从黏合向下发散时果断离场。

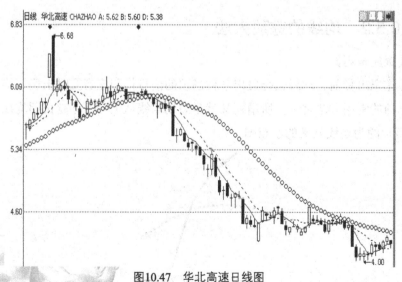

图10.47 华北高速日线图

如图10.48所示的为大亚科技日线图。没能及时在庄家出货初期出场的投资者在均线向下交叉并发散后,应该果断离场。

图10.48　大亚科技日线图